Francis Fukuyama
Scheitert Amerika?

Francis Fukuyama

Scheitert Amerika?

Supermacht am Scheideweg

Aus dem Amerikanischen von
Udo Rennert

Propyläen

Propyläen Verlag, Berlin
Propyläen ist ein Verlag der Ullstein Buchverlage GmbH

ISBN-13: 978-3-549-07289-9
ISBN-10: 3-549-07289-9

Originaltitel: *America at the Crossroads*
Published by Yale University Press
© by Francis Fukuyama
© der deutschen Ausgabe 2006 by
Ullstein Buchverlage GmbH, Berlin
Alle Rechte vorbehalten
Lektorat: Jörg Später
Gesetzt aus der Janson bei LVD GmbH, Berlin
Druck und Bindung: Clausen und Bosse, Leck
Printed in Germany

Inhalt

Vorwort

Dieses Buch beschäftigt sich mit der amerikanischen Außenpolitik seit den Anschlägen vom 11. September 2001. Das Thema betrifft mich persönlich, da ich mich bis vor kurzem als einen Neokonservativen betrachtet habe. Ich hatte stets geglaubt, mit vielen anderen Neokonservativen eine bestimmte Weltsicht zu teilen, unter ihnen auch Freunde und Bekannte, die in der Regierung von George W. Bush tätig waren. Ich war zweimal für den früheren stellvertretenden Verteidigungsminister Paul D. Wolfowitz tätig, zuerst in der US-Rüstungskontroll- und Abrüstungsbehörde und später im Außenministerium, dem State Department; außerdem hatte er mich an die Johns Hopkins School of Advanced International Studies berufen, während er dort Dekan war. Ich habe mit seinem Mentor Albert Wohlstetter in dessen Consulting-Unternehmen Pan Heuristics gearbeitet und war ebenso wie er einige Jahre lang Analyst in der Rand Corporation. Ich war ein Schüler von Allan Bloom, der seinerseits ein Schüler von Leo Strauss und der Autor von *Der Niedergang des amerikanischen Geistes* war. Ich ging zusammen mit William Kristol in dieselbe Hochschulklasse und schrieb häufig für die beiden Zeitschriften, die von seinem Vater Irving Kristol gegründet wurden, *The National Interest* und *The Public Interest*, sowie für die Zeitschrift *Commentary*.

Und doch hat mich im Unterschied zu vielen anderen Neokonservativen die Begründung des Krieges gegen den Irak nie überzeugt. In den Jahren zuvor war ich eher auf der Seite der Falken gewesen und hatte 1999 sogar einen Brief unterzeichnet, der die Clinton-Regierung aufforderte, gegenüber Bagdad eine harte Haltung einzunehmen, nachdem Saddam Hussein die UN-Waffeninspektoren des Landes verwiesen hatte. Eine amerikanische Invasion des Iraks stand damals jedoch nicht zur Debatte, und dabei blieb es bis zu den Anschlägen vom 11. September 2001. In dem Jahr unmittelbar vor der Invasion erhielt ich das Angebot, an einer Untersuchung über eine langfristige US-Strategie im Krieg gegen den Terrorismus mitzuarbeiten. Dabei gelangte ich zu dem Schluss, dass der Terrorismus nicht mit Krieg zu bekämpfen ist. Seitdem habe ich mich immer wieder gefragt, ob ich mich vom Neokonservatismus entfernt habe oder ob die neokonservativen Befürworter des Kriegs aus den gemeinsamen Prinzipien, die wir immer noch teilen, die falschen Schlüsse gezogen haben.

Die Diskrepanz zwischen meinen eigenen Überzeugungen und denen der anderen Neokonservativen wurde mir im Februar 2004 deutlich, als ich dem Jahresessen des American Enterprise Institute beiwohnte, auf dem der Kolumnist Charles Krauthammer die jährliche Irving-Kristol-Rede hielt mit dem Thema »Demokratischer Realismus: Eine amerikanische Außenpolitik für eine unipolare Welt«. Diese Rede knapp ein Jahr nach dem Einmarsch der US-Truppen in den Irak zeichnete den Krieg als einen Erfolg auf der ganzen Linie. Ich konnte nicht verstehen, warum alle Teilnehmer in meiner Nähe der Rede begeistert applaudierten, da doch die USA im Irak keine Massenvernichtungswaffen gefunden hatten, sich in einem heimtückischen Aufstand verheddert und sich fast vollständig von der übrigen Welt isoliert hatten, indem sie jener unipolaren Strategie gefolgt waren, die von Krauthammer befürwortet wurde. Am nächsten Tag begegnete ich dem damaligen Herausgeber des *National Interest*, John O'Sullivan, und sagte ihm, ich wolle eine Kritik schreiben. Er war sogleich einverstanden. Im Sommer 2004 erschien der Artikel »The Neo-Conservative Moment«. Ich bin zu dem Schluss gelangt, dass ich den Neokonservatismus nicht länger unterstützen kann. Wie ich in diesem Buch zu zeigen versuche, beruhte der Neokonservatismus auf einem Ensemble zusammenhängender Prinzipien, die während des Kalten Kriegs im Inland wie im Ausland weitgehend vernünftige politische Maßnahmen hervorgebracht hatten. Diese Prinzipien konnten allerdings auf ganz unterschiedliche Weise interpretiert werden, und in den neunziger Jahren wurden sie dazu benutzt, eine in hohem Maße militarisierte amerikanische Außenpolitik zu rechtfertigen, die quasi zwangsläufig in den Irakkrieg mündete. Der Neokonservatismus wird heute unwiderruflich mit der Politik der Bush-Regierung gleichgesetzt, und jeder Versuch, dagegen Einspruch zu erheben, ist fruchtlos. Daher ist es wesentlich wichtiger, die Außenpolitik der Vereinigten Staaten in einer Weise neu zu definieren, dass sie die Hinterlassenschaft der Bush-Regierung überdauert.

Dieses Buch ist ein Versuch, die neokonservativen Ideen zu beleuchten, zu erklären, wo die Bush-Regierung einen falschen Weg eingeschlagen hat, und anschließend eine Alternative vorzuschlagen, wie die USA ihre Beziehungen mit der übrigen Welt gestalten sollten. Das steht auch als Motiv hinter meinem Bemühen, eine neue Zeitung zu gründen, die sich mit Fragen der Rolle Amerikas in der Welt befasst (www.the-american-interest.com). Die Position, die ich hier entwickle, wird von keiner der heute bestehenden Schulen innerhalb der Debatte um die US-Außenpolitik vertreten, würde jedoch meiner Meinung nach von einem ziemlich breiten Spektrum der amerikanischen Bevölkerung unterstützt werden. Ich habe sie als einen »realistischen Wilsonianismus«* gekennzeichnet, sicherlich ein problematischer Begriff, da sowohl »Realismus« als auch »Wilsonianismus« stark befrachtete Begriffe sind.

Gegenüber meiner ursprünglichen Kritik an Krauthammer fehlt in diesem Buch jene Argumentationslinie, die auf die Art und Weise zielte, wie bestimmte Neokonservative eine beinharte israelische strategische Doktrin verinnerlicht und in unangemessener Weise auf die Situation der Vereinigten Staaten nach dem 11. September angewandt hatten. Das gilt besonders für Krauthammer, und unser anschließender Austausch hat meine Überzeugung bekräftigt. Seine apokalyptische Sicht der Bedrohung, die von der muslimischen Welt ausgeht, ist in meinen Augen unangemessen; die Gründe dafür habe ich im 3. Kapitel dargelegt. Aber ich habe das im vorliegenden Buch nicht eingehender behandelt, da diese Auffassung sich zwar bei einzelnen Neokonservativen findet, jedoch weder ihnen in ihrer Gesamtheit noch der Bush-Regierung zugeschrieben werden kann. Es gibt einige Dinge, von denen ich wünschte, diese Regierung hätte sie im Hinblick auf den israelisch-palästinensischen Konflikt getan, doch ich glaube nicht, dass die Umstände für einen größeren Vor-

---

* Woodrow Wilson (1856–1924) war von 1913 bis 1921 Präsident der Vereinigten Staaten. Nachdem die USA im April 1917 in den Weltkrieg eingetreten waren, verkündete Wilson ein 14-Punkte-Friedensprogramm, das zum einen das Selbstbestimmungsrecht der Nationen und zum anderen den Völkerbund als zukünftige Konfliktregelungsinstanz propagierte. Wilson steht mithin entgegen der isolationistischen Tradition der USA für einen demokratischen Internationalismus.

stoß zu einer Lösung des Konfliktes während der ersten vier Jahre dieser Regierung besonders günstig waren. Solange Yassir Arafat noch lebte, war die Chance sehr gering, dass es politische Reformen innerhalb der palästinensischen Autonomiebehörde oder einen palästinensischen Gesprächspartner geben würde, der wirklich ein Friedensabkommen mit Israel schließen und durchsetzen könnte. Die eigentliche Probe für die Bush-Administration in dieser Frage wird nach dem Abzug der Israelis aus dem Gazastreifen kommen.

Die Gedanken in diesem Buch wurden erstmals als Castle Lectures vorgetragen, die ich im April 2005 an der Yale-Universität gehalten habe. Ich danke an dieser Stelle dem Studienprogramm »Ethik, Politik und Ökonomie«, das diese Vorträge betreute, und seiner Leiterin, Professor Seyla Benhabib. Ich danke auch Herrn John K. Castle, der diese Vortragsreihe zu Ehren seines Vorfahren Reverend James Pierpoint gestiftet hat.

Zahlreiche Personen haben auf das Manuskript mit Kommentaren oder in anderer Form reagiert. Zu ihnen gehören Robert Boynton, Mark Cordover, Charles Davidson, Hillel Fradkin, Adam Garfinkle, Johne Ikenberry, Roger Leeds, Mark Lilla, Mike Mandelbaum, Trita Parsi, Marc Plattner, Jeremy Rabkin, Stephen Sestanovich, Abram Shulksy, Tom White und Adam Wolfson. Danken möchte ich auch John Lewis Gaddis und Steven Smith, die meinen Text für die Yale University Press begutachteten. John Kulka, langjähriger Lektor in diesem Verlag, hat die Entstehung des Manuskripts mit Rat und Tat begleitet. Viel verdanke ich zahlreichen Gesprächen mit Stephen Hosmer, einem der klügsten Menschen auf dem Gebiet der US-Politik in den Entwicklungsländern. Etliche Kolleginnen und Kollegen haben Ideen und Überlegungen beigetragen, die sich in dem Buch wiederfinden (ob ihnen das bewusst ist oder nicht); zu ihnen gehören Peter Berkowitz, Zbigniew Brzezinski, Kurt Campbell, Eliot Cohen, Ivo Daalder, Mike Desch, Barbara Haig, Leon Kass, Tom Keaney, Tod Lindberg, Rob Litwak, John Mearsheimer, Nathan Tarcov und Ken Weinstein. Meine Frau Laura Holmgren stand dem Krieg von Anfang an skeptisch gegenüber, und ich habe von den Diskussionen mit ihr über dieses Thema sehr profitiert. Meine Assistentin Cynthia Doroghazi war mir in verschiedenen Phasen des Projekts eine Hilfe. Carlos Hamann, Ina Hoxha und Krystof Monasterski haben mich als Forschungsassistenten unterstützt. Zum Schluss danke ich meinem Team kluger Literaturagentinnen vom International Creative Management, Esther Newberg, Christine Bauch, Betsy Robbins, Margaret Halton und Liz Iveson, die dazu beigetragen haben, dass dieses Buch möglich wurde.

1. Prinzipien auf dem Prüfstand

Während der ersten Amtsperiode von Präsident George W. Bush wurden die Vereinigten Staaten auf ihrem eigenen Territorium von der radikalen Islamistengruppe Al Qaida angegriffen. Der 11. September 2001 wird in die Geschichte als zerstörerischster Terrorakt der Geschichte eingehen. Die Bush-Regierung reagierte auf dieses beispiellose Ereignis mit dramatischen und umfassenden politischen Maßnahmen. Erstens rief sie ein völlig neues nationales Organ ins Leben, das Ministerium für den Heimatschutz, und setzte im Kongress das Maßnahmenpaket zur Bekämpfung des Terrorismus (Patriot Act) durch, mit dem sich der Zweck verband, den Strafverfolgungsbehörden größere Befugnisse einzuräumen, um gegen potentielle Terroristen vorzugehen. Zweitens entsandte sie US-Truppen nach Afghanistan und setzte das dortige Talibanregime ab, das den Kämpfern von Al Qaida Unterschlupf gewährt hatte. Drittens verkündete sie eine neue strategische Doktrin des Präventivkrieges, statt sich wie in den Jahrzehnten des Kalten Kriegs auf Abschreckung und Eindämmung zu verlassen. Und viertens ließ sie US-Soldaten in den Irak einmarschieren und Saddam Hussein absetzen, weil dieser angeblich Massenvernichtungswaffen besäße oder im Begriff stehe, sich solche zu beschaffen.

Die beiden ersten dieser Initiativen waren zwangsläufige

Reaktionen auf die Anschläge vom 11. September, die von den Mitgliedern beider Parteien gefordert und von einer überwältigenden Mehrheit des amerikanischen Volkes unterstützt wurden. Auch wenn manche Beobachter bestimmte Aspekte der Patriot Act kritisierten, weil sie sehr stark in bürgerliche Grundrechte eingriffen, kann man sich doch kaum vorstellen, dass die Nation nach den Anschlägen auf das World Trade Center und das Pentagon die Sicherheit des eigenen Landes auch weiterhin so nachlässig wie bisher behandelt hätte.

Die beiden anderen Initiativen – die Verkündung einer präventiven Militärdoktrin und die Invasion in den Irak – waren keine offensichtlichen Reaktionen auf den 11. September. Beide Maßnahmen konnten mit einer ganzen Reihe unterschiedlicher Gründe gerechtfertigt werden. Was sie jedoch besonders umstritten machte, war das fast zwanghafte Beharren der Bush-Regierung auf einem Regimewechsel im Irak und die stillschweigende Inanspruchnahme eines amerikanischen Exzeptionalismus*, die Washington nicht nur das Recht gebe, sondern es ihm auch zur Pflicht mache, sich dieses Problems anzunehmen. Verschiedene Regierungsvertreter, angefangen mit dem Präsidenten selbst, machten deutlich, dass die Vereinigten Staaten gegen Saddam vorgehen würden, egal, was die Verbündeten darüber dächten. Diese Entscheidung war offensichtlich bereits im Sommer 2002 getroffen worden, noch vor der Rückkehr der UN-Waffeninspekteure oder einer formellen Debatte im UN-Sicherheitsrat.[1] Zwar bemühten sich die USA um eine Unterstützung des Sicherheitsrats, doch von der internationalen Gemeinschaft einschränken lassen wollten sie sich nicht. Die Bush-Regie-

* Der amerikanische Exzeptionalismus besteht auf dem Sonderfall Amerika – ein mythisches Land des Neubeginns, unschuldig, unabhängig, außergewöhnlich, zu Großem berufen.

rung rechnete mit einem kurzen Krieg und einem schnellen und schmerzlosen Übergang zu einem Post-Saddam-Irak. Dementsprechend unzureichend plante sie den Wiederaufbau des Landes nach der Beendigung des Konflikts und war überrascht, plötzlich einen anhaltenden hartnäckigen Aufstand bekämpfen zu müssen.

Neokonservative Intellektuelle hatten in den Jahren bis zur Wahl Bushs im Jahr 2000 Begriffe wie Regimewechsel, wohlwollende Hegemonie, Unipolarität, Präventivkrieg und amerikanischer Exzeptionalismus auf die außenpolitische Agenda gesetzt, die dann zu den Kennzeichen der US-Außenpolitik unter Bush junior werden sollten. Viele Neokonservative waren lautstarke Befürworter des Kriegs und verteidigten den Fokuswechsel der Bush-Regierung von Al Qaida zum Irak. Die Gesamtheit der Regierungserklärungen – wie die Reden des Präsidenten und die Nationale Sicherheitsstrategie der USA vom September 2002 – schlagen ähnliche Töne an und sind informell als Bush-Doktrin bezeichnet worden. Angesichts all dessen ist es nicht überraschend, dass viele Beobachter den Eindruck hatten, die Politik der Bush-Regierung werde entscheidend von Neokonservativen geprägt.

Eine solche Vermutung zielt jedoch weit über das Ziel hinaus und verdeckt eine wesentlich komplexere Realität. Erst später werden wir wirklich erfahren, inwieweit die Politiker in der Bush-Regierung von großen Ideen geleitet waren oder ob sie sich als Reaktion auf die immer neuen Ereignisse einfach nur durchgewurstelt haben. Aber selbst wenn Politiker wie Rumsfeld oder Cheney sich tatsächlich von neokonservativen Ideen motivieren ließen, stellt sich die Schwierigkeit zu bestimmen, was genau eine neokonservative Idee ausmacht. Der Neokonservatismus war und ist nämlich ein komplexes Ideenset. Die Außenpolitik der Regierung ergibt sich nicht naturnotwendig aus den Ideen mehrerer Generationen von Neokonservativen. Das neokonservative Erbe ist vielschichtig und heterogen, und seine Wurzeln reichen zurück bis in die frühen vierziger Jahre. Es brachte ein kohärentes Ensemble von Ideen hervor, die einem breiten Spektrum innen- und außenpolitischer Optionen ihr Gepräge gaben. Bis zum Ende des Kalten Kriegs war ein Großteil dieses Denkens von vier gemeinsamen Grundprinzipien geleitet: einem Interesse an der Demokratie, den Menschenrechten und allgemeiner am Regierungssystem der Staaten, der Überzeugung, dass die Macht der USA zu moralischen Zwecken eingesetzt werden könne, einer gewissen Skepsis gegenüber der Fähigkeit des Völkerrechts und der internationalen Institutionen, gravierende Sicherheitsprobleme zu lösen, und viertens schließlich der Vorstellung, dass eine zu weit greifende Sozialtechnologie (Social Engineering) häufig unerwartete Folgen nach sich ziehe und ihre eigenen Ziele unterminiere.

In dieser allgemeinen Formulierung werden die meisten US-Amerikaner wohl kaum Einwände gegen neokonservative Ziele erheben: Henry Kissinger und seine realistischen Schüler würden nicht bestreiten, dass Demokratie eine wichtige Rolle spielt, während die Anhänger der Vereinten Nationen deren Beschränkungen und Schwachstellen unumwunden zugeben werden. Man könnte deshalb zu dem Schluss neigen, dass die außenpolitischen Fehler der Bush-Regierung primär durch Fehlurteile oder mangelhafte Umsetzung an sich richtiger Prinzipien entstanden seien.

So einfach kann man es sich aber nicht machen, denn allgemeine Ideen werden in bestimmten Weisen konkretisiert. Man sollte also nicht nur über Prinzipien sprechen, sondern analysieren, wer wann wo und wie die Welt deutet. Kurzum: Es geht um Denkstile und Weltanschauungen, die auch kurzfristige und schnelle Entscheidungen beeinflussen. Solche Entscheidungen waren einseitig und »tendenziös«, vor allem was die Außenpolitik der Bush-Administration während ihrer ersten Amtszeit betrifft.

Das erste Fehlurteil war die Einschätzung der Bedrohung der Vereinigten Staaten durch den radikalen Islamismus. Die amerikanische Regierung überschätzte diese Drohung oder, vielleicht genauer, verkannte deren Charakter. Zwar zeichnete sich in der Tat ein neuartiges und unheilvolles Szenario von Terroristen im Besitz von Massenvernichtungswaffen ab, aber die Regierung verband dieses Problem unzulässigerweise mit der Bedrohung, die vom Irak ausging, und noch allgemeiner mit dem Problem der Weitergabe von Nuklearwaffen an »Schurkenstaaten«. Nun erst, infolge der Übertreibungen und unzutreffenden Feindidentifizierungen, wurde die Präventivkriegsdoktrin zum Hauptbestandteil einer neuen Sicherheitsstrategie.

Zweitens hatte die Bush-Regierung nicht mit der heftigen negativen Reaktion der übrigen Welt auf ihren Anspruch, ein »wohlwollender und gütiger Hegemon« zu sein, gerechnet. Dabei hatte die Regierung von Anfang an ein stark ideologisch motiviertes Vorurteil gegen die Vereinten Nationen und andere internationale Organisationen wie den Internationalen Gerichtshof zur Schau gestellt. Sie verstand nicht, dass sie durch ihre scheinbar verächtliche Zurückweisung einer internationalen Zusammenarbeit schon bestehende antiamerikanische Ressentiments noch verstärkte. Wie sich herausstellte, hatten die Entstehung einer unipolaren Welt nach dem Ende des Kalten Kriegs und das Ausmaß der amerikanischen Hegemonie selbst bei den Verbündeten der USA Ängste ausgelöst.

Und drittens schließlich hatte die Bush-Regierung sich keine Gedanken darüber gemacht, welche Voraussetzungen für den Wiederaufbau und die Befriedung des Irak erforderlich waren. Sie gab sich darüber hinaus übertrieben optimistisch, wenn sie ihre Visionen über gesellschaftspolitischen Wandel nicht nur im Irak, sondern im Nahen Osten insgesamt präsentierte. Die Befürworter des Kriegs mussten im Eifer ihres Werbens für den Krieg die eigenen Grundsätze vergessen haben, denn es war bislang ein neokonservatives Markenzeichen, gegenüber allzu ambitionierten Sozialprogrammen skeptisch zu sein.

Was immer seine komplexen Wurzeln waren, der Neokonservatismus wird heutzutage mit Begriffen wie Prävention, Regimewechsel oder Unilateralismus verbunden. Er ist damit fest mit der konkreten Politik der Bush-Regierung verkoppelt. Statt den nutzlosen Versuch zu unternehmen, für den Begriff des Neokonservatismus seine ursprüngliche Bedeutung zu reklamieren, erscheint es mir daher sinnvoller, dieses Etikett ganz aufzugeben und stattdessen eine völlig eigenständige außenpolitische Position zu formulieren.

Der Neokonservatismus ist eines von vier verschiedenen Konzepten der heutigen Außenpolitik der Vereinigten Staaten. Neben ihm gibt es die »Realisten« in der Tradition Henry Kissingers, die die Macht anderer Regimes respektieren und deren gegebenenfalls undemokratische Innenpolitik ignorieren oder bagatellisieren; ferner die liberalen Internationalisten, die die Machtpolitik überhaupt überwinden wollen und sich für eine internationale Ordnung einsetzen, die auf dem Recht und auf Institutionen beruht; und schließlich gibt es die von Walter Russell Mead als »Jacksonianer«* bezeichneten amerikanischen Nationalisten, die eine enge, von Sicherheitserwägungen bestimmte Sicht der nationalen Interessen der USA vertreten, einem Multilateralismus misstrauen und in ihren

* Andrew Jackson (1767–1845) war von 1829 bis 1837 der siebte Präsident der Vereinigten Staaten. Er war der erste Präsident, der nicht aus der Elite des Unabhängigkeitskrieges stammte.

extremeren Manifestationen zu einem Nativismus und Isolationismus neigen.[2] Der Irakkrieg wurde von einem Bündnis aus Neokonservativen und jacksonianistischen Nationalisten befürwortet, die aus unterschiedlichen Gründen die unbedingte Notwendigkeit eines Regimewechsels in Bagdad akzeptierten. Sie überspielten die Realisten in der Republikanischen Partei wie Brent Scowcroft und James Baker, die der Regierung von Bush senior angehört hatten und der Begründung für den Krieg skeptisch gegenübergestanden hatten.

Als die Operation »Freiheit für den Irak« von einer triumphalen Befreiung zu einer zermürbenden Besatzung und einem Guerillakrieg verkam, gerieten die Neokonservativen in die Defensive, und die Realisten gewannen wieder an Boden. Nach den irakischen Wahlen am 30. Januar 2005 schienen dagegen die Neokonservativen Boden gut zu machen, verloren ihn jedoch wieder, je länger der Aufstand anhielt. Das Ringen zwischen diesen Kräften wird weitergehen, während die Folgen des Krieges sich deutlicher abzeichnen, so dass bald die eine, bald die andere Fraktion triumphieren wird. Das Problem liegt darin, dass keine dieser Positionen – Neokonservatismus, Realismus, Nationalismus in der Tradition Jacksons oder liberaler Internationalismus – angemessen die Richtung definiert, die von den Vereinigten Staaten gegenüber der Welt nach dem 11. September und dem Irakkrieg eingeschlagen werden muss. Insbesondere die Positionen der Realisten und der Neokonservativen wurden während des Kalten Kriegs zum Teil in gegenseitiger Opposition definiert und werden beide der Welt zu Beginn des 21. Jahrhunderts nicht mehr gerecht. Diese Welt ist gekennzeichnet durch eine amerikanische Hegemonie und eine globale antiamerikanische Reaktion, vervollständigt durch noch unausgereifte Formen eines Interessenausgleichs unter Einsatz von

»Soft Power«*; eine Verschiebung der Handlungszentren von den Regierungen der Nationalstaaten zu nichtstaatlichen Akteuren und anderen übernationalen Kräften; gleichzeitig eine Auflösung staatlicher Souveränität sowohl als normatives Prinzip wie als empirische Realität, und das Aufkommen einer Gruppe von Staaten mit schwachen oder unfähigen Regierungen, von denen die meisten der globalen Probleme ausgehen.

Angesichts dieser im Wandel begriffenen externen Umwelt stehen die Vereinigten Staaten vor der Notwendigkeit, einen außenpolitischen Ansatz zu definieren, der sich in keiner der vier dargelegten Positionen findet. Dieser Ansatz geht von bestimmten neokonservativen Prämissen aus: erstens, dass die Führer der Vereinigten Staaten und allgemeiner auch der internationalen Gemeinschaft sich damit beschäftigen müssen, was innerhalb anderer Länder geschieht und nicht einfach nur mit ihrem äußeren Verhalten, wie die Realisten es sehen; und zweitens, dass der Einsatz von Macht und insbesondere amerikanischer Macht häufig notwendig ist, um moralische Ziele durchzusetzen. Er übernimmt ferner einen neokonservativen Grundsatz, den die Neokonservativen anscheinend im Vorfeld des Irakkriegs vergessen haben, dass nämlich eine ehrgeizige Sozialtechnologie eine heikle Angelegenheit ist und mit äußerster Sorgfalt und Zurückhaltung betrieben werden muss. Mit anderen Worten: Was wir brauchen, ist ein wesentlich realistischerer Wilsonianismus, der im Umgang mit anderen Gesellschaften die Mittel besser auf die angestrebten Ziele abstimmt.

Ein realistischer Wilsonianismus unterscheidet sich vom

---

* Der Begriff Soft Power geht zurück auf Joseph Nye und bezeichnet ein Machtpotential, das auf Attraktivität, Zustimmung und Freiwilligkeit beruht. Nicht auf Gewalt, sondern auf Werten soll Herrschaft gründen.

klassischen Realismus darin, dass er innere Vorgänge der einzelnen Staaten als relevant für die amerikanische Außenpolitik begreift. Wenn ich sage, dass »Nation-Building«* oder eine Demokratieverbreitung schwierig ist, dann heißt das nicht, dass sie unmöglich seien oder sorgfältig vermieden werden müssten. Staaten mit schwachen oder unfähigen Regierungen sind heute sogar die hauptsächlichen Ursachen globaler Störungen, und es ist einfach aus praktischen wie moralischen Gründen für die einzige Supermacht der Welt unmöglich, sich da herauszuhalten. Weder haben die Realisten und Neokonservativen in den vergangenen Jahren dem Problem der Entwicklung genügend Aufmerksamkeit geschenkt, noch haben sie sich eingehender mit Weltregionen wie Afrika oder Lateinamerika beschäftigt, wo die Entwicklung besonders problematisch ist (es sei denn, wenn Länder in diesen Regionen zu einer Sicherheitsbedrohung wurden).

Ein realistischer Wilsonianismus unterscheidet sich jedoch in einer wesentlichen Hinsicht vom Neokonservatismus: Er nimmt internationale Institutionen ernst. Wir wollen zwar keineswegs die nationale Souveränität durch unverantwortliche internationale Organisationen ersetzen, zumal die Vereinten Nationen weder heute noch in Zukunft ein taugliches und legitimes Organ einer »Global Governance«** abgeben. Gleichwohl verfügen wir heute über kein ausreichendes Ensemble horizontaler Mechanismen der Verantwortlichkeit zwischen den vertikalen Bausteinen der Weltordnung, den Staaten – jedenfalls

---

* Unter Nation-Building fasst man den Versuch, eine stabile politische Einheit – meist auf Grundlage der Nation – zu schaffen oder zu beleben.
** Global Governance ist ein Begriff aus der Entwicklungspolitik und bezeichnet das Bemühen, den Prozess der Globalisierung politisch zu gestalten. Er steht für Weltinnenpolitik (ohne Weltregierung), Weltordnungspolitik und globale Strukturpolitik.

nicht zureichend, um der intensiven wirtschaftlichen und sozialen wechselseitigen Durchdringung gerecht zu werden, die heute mit »Globalisierung« gemeint ist. Der Staat behält eine entscheidende Aufgabe, die ihm kein übernationaler Akteur abnehmen kann: Er bleibt die einzige Quelle der Macht, die eine rechtsstaatliche Ordnung durchsetzen kann. Doch damit diese Macht auch wirksam eingesetzt werden kann, muss sie als legitim angesehen werden, und eine dauerhafte Legitimität erfordert ein wesentlich höheres Maß an Institutionalisierung zwischen den Nationen, als es gegenwärtig existiert. Eine multiinstitutionelle Welt, die diesen Erfordernissen genügt, ist zwar allmählich in der Entstehung begriffen, aber wir sind noch nicht so weit, und keine der heutigen außenpolitischen Schulen weist uns einen gangbaren Weg dorthin. In diesem Buch versuche ich, einen realistischeren Weg für die USA aufzuzeigen: Es geht darum, eine politische und wirtschaftliche Entwicklung zu fördern, ohne ein Regime durch einen Präventivkrieg auszuwechseln, und ein Programm eines multiplen Multilateralismus zu skizzieren, das der real existierenden Welt der Globalisierung gerecht wird.

2. Das neokonservative Erbe

In den Perioden kurz vor und kurz nach dem Irakkrieg ist unendlich viel Tinte über die Neokonservativen und ihre angebliche Übernahme der Bush-Regierung verschrieben worden. Solche Geschichten sind unendlich faszinierend, weil sie vorgeben, einer Verschwörung auf der Spur zu sein. Der demokratische Präsidentschaftskandidat Howard Dean etwa erhob im Wahlkampf 2004 den Vorwurf, die Bush-Administration sei von Neokonservativen unterwandert worden. Viele Beobachter verwiesen darauf, dass prominente Befürworter des Irakkriegs wie Paul Wolfowitz und Richard Perle Juden seien. Sie folgerten daraus, die Irakpolitik ziele letztlich darauf ab, den Nahen Osten für Israel sicherer zu machen. Manche entdeckten gar den lange verstorbenen und vermeintlichen intellektuellen Vater der Neokonservativen, Leo Strauss, als den eigentlichen Urheber des Krieges – er habe nämlich seine Schüler gelehrt, »dass es eine Pflicht sei, die Massen zu belügen, da nur eine kleine Elite geistig darauf vorbereitet sei, die Wahrheit zu erfahren«.[3]

Solche Spekulationen entbehren jeder Grundlage. Sie sind von Böswilligkeit geleitet und eine bewusste Entstellung der Motive der Bush-Regierung und ihrer Anhänger. Es ist daher kaum verwunderlich, dass einige Neokonservative die Kampagne gegen sie als eine antisemitische gebrandmarkt haben. In der Tat ist bei vielen Kritikern »neokonservativ« ein Codewort für »jüdisch«, und die unterstellte versteckte Übernahme der amerikanischen Regierung durch jene jüdischen Neokonservativen ähnelt auffallend jenen Verschwörungen, wie man sie immer wieder den Juden angelastet hat. Der blindwütige Angriff auf den Neokonservatismus im Zug des Irakkriegs hat andere Neokonservative dazu bewogen, zu bestreiten, dass es überhaupt einen Neokonservatismus gebe oder dass er in einer besonderen Beziehung zu den von der Bush-Regierung gewählten politischen Strategien stehe.[4]

Tatsache ist, dass die wesentlichen Prinzipien der Neokonservativen, wie sie sich von der Mitte des 20. Jahrhunderts bis heute herausgebildet haben, tief in einer Vielzahl amerikanischer Traditionen verankert sind. Sie entstammen einem kohärenten Ensemble von Ideen, Argumenten und Schlussfolgerungen, das für sich allein beurteilt werden sollte und nicht auf der Grundlage der ethnischen oder religiösen Zugehörigkeit der Träger dieser Ideen. Gleichzeitig sollten Neokonservative sich weder von diesem Etikett distanzieren noch leugnen, dass es eine solche Bewegung gibt. Zwei der Paten des Neokonservatismus, Irving Kristol und Norman Podhoretz, schrieben lange vor dem Irakkrieg darüber, was der Neokonservatismus eigentlich sei, und erkundeten interessiert Übereinstimmungen und Differenzen innerhalb des neokonservativen Lagers.[5]

Die Verfechter der These, dass es einen Neokonservatismus überhaupt nicht gebe, verweisen darauf, dass es keine etablierte neokonservative »Lehre« gibt, wie es beispielsweise beim Marxismus-Leninismus der Fall war. Zudem führen sie die Meinungsverschiedenheiten und Konflikte an, die zwischen selbst erklärten Neokonservativen bestehen. Das ist zwar alles richtig, doch die Tatsache, dass der Neokonservatismus nicht monolithisch ist, bedeutet noch nicht, dass er nicht auf einem Kernbestand kohärenter Ideen beruht.

Das City College

In seinen Anfängen geht der Neokonservatismus auf eine bemerkenswerte Gruppe von überwiegend jüdischen Intellektuellen zurück, die von der Mitte der dreißiger bis zu den frühen vierziger Jahren das City College in New York besuchten, eine Gruppe, der Irving Kristol, Daniel Bell, Irving Howe, Seymour Martin Lipset, Philip Selznick, Nathan Glazer und etwas später Daniel Patrick Moynihan angehörten.[6] Diese Intellektuellen stammten aus Einwandererfamilien aus der Arbeiterschicht. Sie besuchten das City College New York (CCNY), da ihnen Eliteuniversitäten wie die Columbia- oder die Harvard-Universität weitgehend verschlossen waren. Jene Zeit war wie die heutige eine Zeit schwerer Krisen in der Weltpolitik, und die CCNY-Gruppe war durch und durch politisiert und der Linken verpflichtet.

Die CCNY-Gruppe pflegte und hinterließ einen eingefleischten Antikommunismus und eine fast ebenso starke Abneigung gegenüber Liberalen, die mit dem Kommunismus sympathisierten und indifferent gegenüber seinen Verbrechen waren. Aus diesem liberalen Antikommunismus erwuchsen die Anfänge des so genannten Neokonservatismus und der Opposition gegen eine utopische Sozialtechnologie, die das dauerhafteste Element in der Geschichte dieser Bewegung ist.

Es ist kein Zufall, dass viele Mitglieder der CCNY-

Gruppe zunächst Trotzkisten waren. Trotzki war natürlich selbst ein Kommunist und wohl kaum ein Demokrat, aber in der damaligen Periode der Volksfront, auf die der Hitler-Stalin-Pakt folgte, auf den nach dem deutschen Einfall in die Sowjetunion wiederum die Volksfront folgte, erkannten die Trotzkisten besser als die meisten anderen Beobachter den extremen Zynismus und die Brutalität des Regimes unter Stalin. Diese Brutalität kostete Trotzki selbst das Leben, als ihn Stalin 1940 in Mexiko-City ermorden ließ.

Der Antikommunismus der desillusionierten Linken unterscheidet sich deutlich von dem Antikommunismus der traditionellen Rechten in den Vereinigten Staaten. Die Rechte war gegen den Kommunismus, weil er atheistisch, mit einer feindseligen fremden Macht verbunden und gegen einen freien Markt war. Demgegenüber sympathisierte die antikommunistische Linke mit den sozialen und wirtschaftlichen Zielen des Kommunismus, erkannte jedoch im Verlauf der dreißiger und vierziger Jahre, dass der »real existierende Sozialismus« zu einer Monstrosität entartet war. Die Gefahr, dass idealistische Ziele, wenn sie in extremer Form verwirklicht werden, böse Folgen haben, beschäftigte die Mitglieder dieser Gruppe wie auch die nachfolgende Generation ihrer Schüler.

Zu Beginn des Zweiten Weltkriegs hatten praktisch alle Mitglieder der CCNY-Gruppe mit dem Marxismus gebrochen. Doch nicht alle wendeten sich in gleichem Maße nach rechts. Irving Kristol ging am weitesten, Irving Howe bewegte sich am wenigsten, und Bell, Glazer, Lipset und Moynihan landeten irgendwo dazwischen. Die Wendung selbst war aber fast unvermeidlich, nicht nur wegen der Enthüllungen über die Natur des Stalin'schen Terrors, sondern auch, weil die kapitalistischen Vereinigten Staaten gegen das nationalsozialistische Deutschland intervenierten und letztlich für dessen und Japans Niederlage ausschlaggebend waren. Erst der Einsatz einer scheinbar grenzenlosen amerikanischen Macht entschied den Zweiten Weltkrieg und ließ die Moral triumphieren.

Im Zentrum des fieberhaften intellektuellen Lebens im New York der späten vierziger und frühen fünfziger Jahre standen Zeitschriften wie *Partisan* und *Commentary*. Die Debatten innerhalb dieser Redaktionen wurden vor dem Hintergrund eines zunehmenden Kalten Kriegs und des McCarthyismus* geführt und hatten im Lauf der Zeit weitere Übertritte von der Linken in das Lager der Neokonservativen zur Folge. Norman Podhoretz hat seinen Weg von der Linken zur Rechten ausführlich geschildert, und während seiner Zeit als Herausgeber machte *Commentary* seine Kehrtwendung mit und wurde zur führenden Zeitschrift für das neokonservative Denken.[7]

The Public Interest

Es gibt eine beträchtliche Kontinuität zwischen dem Antikommunismus der CCNY-Gruppe und der zweiten wichtigen Strömung des neokonservativen Denkens, die aus der 1965 von Irving Kristol und Daniel Bell gegründeten Zeitschrift *The Public Interest* entstand (an Bells Stelle als Mitherausgeber trat nach kurzer Zeit Nathan Glazer). Ende der

---

* Joseph McCarthy (1908–1957) war republikanischer Senator für Wisconsin. Sein Name ist verbunden mit den antikommunistischen Verfolgungen der fünfziger Jahre. In der »McCarthy-Ära« wurde mittels des »Senatsausschusses für unamerikanische Umtriebe« eine beispiellose Kampagne gegen eine vermeintlich allgegenwärtige kommunistische Gefahr lanciert.

sechziger Jahre kam es in der amerikanischen Politik zu tief greifenden Veränderungen; als Folge der Bürgerrechtsbewegung und des Vietnamkriegs wurde die alte kommunistische Linke aus den dreißiger Jahren samt ihren Mitläufern zumindest vorübergehend von der so genannten Neuen Linken Tom Haydens und dem amerikanischen SDS (Students for a Democratic Society) verdrängt. Das war auch die Zeit der Neuauflage umfangreicher Sozialprogramme von Seiten der US-Regierung: Lyndon Johnsons »Krieg gegen die Armut« und sein Konzept der »Great Society«*. Intellektuelle wie Bell, Glazer und Lipset waren inzwischen alle in akademischen Ämtern und Würden und fanden sich in Opposition zu einer neuen Generation von studentischen Radikalen. Die Studenten forderten ein progressives Sozialprogramm – dafür empfanden die Intellektuellen durchaus Sympathie. Mit Ablehnung reagierten sie jedoch auf die studentischen Angriffe gegen die Universität selbst als eine Handlangerin des amerikanischen Kapitalismus und Imperialismus.

Die erste prägende Schlacht, die dem Neokonservatismus seine Form gab, war also die mit den Stalinisten in den dreißiger und vierziger Jahren; die zweite war dann die mit der Neuen Linken und deren Gegenkultur in den sechziger Jahren. Diese zweite Schlacht hatte eine außen-

---

* Lyndon B. Johnson wurde 1963 nach der Ermordung Kennedys 36. Präsident der Vereinigten Staaten. Ein Jahr später zog er mit der Ankündigung in den Wahlkampf, einen Krieg gegen die Armut zu führen – »to build a great society, a place where the meaning of man's life matches the marvels of man's labor«. Seine Agenda der »Great Society« beinhaltete unter anderem Bildungsreformen, den Ausbau des Gesundheitswesens und Entwicklungsprogramme für benachteiligte Regionen. In seiner Amtszeit wurden darüber hinaus bedeutende Gesetze und Verfassungsänderungen zur Aufhebung der Rassentrennung durchgesetzt.

und eine innenpolitische Dimension. Die Opposition gegen den Vietnamkrieg brachte eine Generation von amerikanischen Linken hervor, die mit kommunistischen oder marxistischen Regimes in Hanoi, Peking und später Managua sympathisierten; der Aufruhr bereitete außerdem einem äußerst ehrgeizigen innenpolitischen Programm den Weg: Der Staat bemühte sich, die europäischen Sozialstaatsmodelle nachzuahmen und die Ursachen der sozialen Ungleichheit zu bekämpfen.

The Public Interest wurde von Kristol und Bell gerade deshalb gegründet, um ein kritisches, wenngleich häufig auch verständnisvolles Auge auf diese sozialpolitischen Reformen zu werfen. Die Zeitschrift wurde zur Heimat einer ganzen Generation von Hochschullehrern, Sozialwissenschaftlern und intellektuellen politischen Beratern wie Glazer, Moynihan, James Q. Wilson, Glenn Loury, Charles Murray, Stephan und Abigail Thernstrom und anderen. Diese Autoren trugen eine Kritik an der »Great Society« vor, die das intellektuelle Fundament für die spätere Wendung nach rechts in der Sozialpolitik der achtziger und neunziger Jahre legte.

Das große Thema von *The Public Interest* waren die Grenzen von Sozialtechnologie: Ehrgeizige Bestrebungen zur Verwirklichung sozialer Gerechtigkeit bewirkten häufig das Gegenteil. Die Verhältnisse seien danach schlimmer als zuvor, weil diese »Verbesserungen« entweder massive staatliche Eingriffe erforderlich machten, die organische soziale Beziehungen zerstörten (zum Beispiel die angeordnete Beförderung von Schulkindern in andere Wohnbezirke, um ein rassisches Gleichgewicht in den Schulklassen zu erzielen), oder aber unerwartete Konsequenzen nach sich zogen (zum Beispiel eine Erhöhung der Zahl der Einelternfamilien als Folge von Sozialunterstützung). Zwischen der Kritik an der amerikanischen Sozialpolitik und dem früheren Antikommunismus der CCNY-Gruppe gab es eine offensichtliche Verbindung: Sowohl die amerikanischen Liberalen als auch die Sowjetkommunisten verfolgten ehrbare Ziele, richteten jedoch mehr Schaden als Nutzen an, da sie die Grenzen eines politischen Voluntarismus nicht sehen wollten.

Beispiele hierfür gibt es zur Genüge. Nathan Glazer schrieb über die negativen Folgen der Antidiskriminierungsgesetze (»affirmative action«), da diese deren Nutznießer stigmatisierten und widersinnige Anreize für einen sozialen Aufstieg schüfen. James Q. Wilson behauptete in seinen Veröffentlichungen über das Verbrechen, es sei töricht gewesen zu glauben, dass eine Sozialpolitik die angeblich letzten Ursachen des Verbrechens wie Armut und Rassismus wirksam bekämpfen könne.[8]

Daniel Patrick Moynihan kam in seinem Buch *The Negro Family* zu dem Ergebnis, die Armut der Schwarzen habe komplexe Ursachen in der Kultur und der Familienstruktur und könne nicht einfach durch Anreize behoben werden, bei denen soziale Gewohnheiten nicht berücksichtigt würden. Der Moynihan-Bericht war nach seinem ersten Erscheinen sehr umstritten und löste eine heftige und folgenreiche Debatte über die »Armutskultur« aus. Seine Kritik an der Sozialpolitik Lyndan B. Johnsons wurde von Charles Murray noch erweitert. Murray problematisierte die unerwarteten Folgen von Wohlfahrtsprogrammen, die eine Kultur der Armut begünstigten und die Armen in ihrer selbstverschuldeten Randständigkeit beließen.[9]

The Public Interest befasste sich ausschließlich mit der amerikanischen Innenpolitik. Irving Kristol gründete danach eine parallele Zeitschrift zur US-Außenpolitik, *The National Interest*, die unter der Leitung ihres ersten Herausgebers, Owen Harries, einem breiten Spektrum von

Meinungen zur US-Außenpolitik rechts von der Mitte einen Platz gab. Die Kritik an der amerikanischen Innenpolitik sollte letztlich auch Folgen für die Beurteilung der Außenpolitik haben, doch der Zusammenhang war kein unmittelbarer und muss von vielen Neokonservativen erst noch hergestellt werden. Die näheren Ursprünge der neokonservativen Außenpolitik liegen woanders.

Leo Strauss

Über kaum etwas anderes ist so viel Unsinn geschrieben worden wie über Leo Strauss und den Irakkrieg. Mark Lilla verdanken wir eine ausführliche, informative und weitgehend sorgfältige Darstellung über Strauss, und er hat ihn kompetent gegen leichtfertige Anschuldigungen verteidigt, die von Anne Norton, Shadia Drury, Lyndon LaRouche und anderen in die Welt gesetzt worden sind, etwa dass Strauss in seinen Vorlesungen verkappte antidemokratische Inhalte verbreitet oder Lügen aus Gründen der Staatsräson befürwortet habe.[10] Es ist schon deshalb lächerlich zu glauben, Strauss Ideen hätten die Außenpolitik Bushs beeinflusst, weil es in Bushs Regierung in der Zeit vor dem Irakkrieg gar keine Straussianer gab. Würde man Dick Cheney, Donald Rumsfeld oder Präsident Bush selbst bitten, etwas zur Person von Leo Strauss zu sagen, würde man bestenfalls verständnislose Blicke ernten. Die Idee, einige Schüler von Strauss hätten einen Einfluss auf die Bush-Regierung, konnte nur aufkommen, weil der stellvertretende Verteidigungsminister Paul Wolfowitz für eine kurze Zeit bei Strauss und seinem Schüler Allan Bloom studierte. Doch Wolfowitz hat sich nie als ein Protegé von

Strauss verstanden, und seine außenpolitischen Ansichten wurden wesentlich stärker von anderen Lehrern, insbesondere von Albert Wohlstetter, beeinflusst.

Leo Strauss war ein deutschjüdischer Politikwissenschaftler, der bei Ernst Cassirer studierte, in den dreißiger Jahren aus Deutschland in die Vereinigten Staaten emigrierte und bis kurz vor seinem Tod 1973 überwiegend an der Universität Chicago lehrte. Ein Großteil seines Werks kann als Antwort auf Nietzsche und Heidegger verstanden werden, die die rationalistische Tradition der westlichen Philosophie von innen heraus zerstört hatten. Darüber hinaus kämpfte er sein ganzes Leben lang mit dem »theologisch-politischen Problem«, nämlich dass göttliche Offenbarung und metapolitische Aussagen darüber, was das gute Leben sei, sich nicht so einfach aus der politischen Philosophie verbannen ließen, wie es die europäische Aufklärung geglaubt hatte.

Die Antwort von Leo Strauss auf den zeitgenössischen Relativismus bestand darin, sich durch die sorgfältige Lektüre früherer Denker der vormodernen philosophischen Denkweisen zu vergewissern und sich insbesondere mit dem Versuch der klassischen politischen Philosophie zu beschäftigen, eine rationale Erklärung der Natur zu finden und ihr Verhältnis zum politischen Leben zu bestimmen. Die meisten seiner Schriften sind somit keine Lehrabhandlungen, sondern lange und dichte Essays über Plato, Thukydides, Alfarabi, Maimonides, Machiavelli, Hobbes und andere Philosophen. Strauss verfasste keine »Lehre« in dem Sinne wie die Lehren von Marx oder Lenin, und es dürfte außerordentlich schwierig sein, aus seinen Schriften etwas herauszuziehen, das Ähnlichkeit mit einer für die Öffentlichkeit bestimmten tagespolitischen Analyse hätte.

Strauss hatte gleichwohl seine politischen Ansichten: Er

zog die liberale Demokratie bei weitem einem kommunistischen oder faschistischen System vor; er hegte eine tiefe Bewunderung für Churchill, der diesen totalitären Ideologien die Stirn geboten hatte; und er befürchtete, dass die philosophische Krise der Moderne das Selbstbewusstsein des Westens untergraben könne. Doch was er seinen Studenten nahe brachte, war kein Katalog von politischen Anweisungen, sondern vielmehr der Wunsch, die philosophische Tradition des Westens ernst zu nehmen und zu verstehen.

Mark Lilla hat nun argumentiert, dass Strauss persönlich in seinem Denken durch und durch philosophisch gewesen sei und stets darauf geachtet habe, eine Politisierung seiner Ideen zu vermeiden. Erst seine zweite und die späteren Schülergenerationen hätten nach und nach seine Lehren als einen Katechismus aufgefasst. Lilla zufolge begannen sie, die Ideen von Strauss mit bestimmten damaligen politischen Rezepten zu verknüpfen. Zwei der Schüler von Leo Strauss spielten dabei eine Hauptrolle, Harry Jaffa von der Claremont-Universität Kalifornien und der verstorbene Allan Bloom. Jaffas großes Thema war das Naturrecht: Er beschäftigte sich mit Jeffersons Rückgriff auf das Naturrecht in der amerikanischen Unabhängigkeitserklärung und sah die Verfassung der Vereinigten Staaten in der klassischen Tradition des Naturrechts verankert. Seine Schüler neigten dann dazu, in den USA die Apotheose der philosophischen Tradition seit Plato und Aristoteles zu sehen, und vermischten auf diese Weise die philosophischen Fragen von Leo Strauss mit einem amerikanischen Nationalismus.[11]

Blooms politische Theorie war dagegen von Pessimismus durchdrungen. Sein Thema war die »Krise der Moderne« – und die Konsequenzen dieser Krise für Amerika in Politik und Gesellschaft. Sein 1987 erschienener Bestseller *Der*

Niedergang des amerikanischen Geistes stellte eine direkte und brillant formulierte Verbindung her zwischen Heidegger und der gegenwärtigen Krise der amerikanischen Universität sowie Sex, Drogen, Musik und anderen Trends in der populären Kultur.[12] Das Buch wurde ein Bestseller, weil es einen blank liegenden Nerv traf und ein wirkliches Problem benannte. Der Kulturrelativismus – die Überzeugung, dass die philosophische Vernunft nicht imstande sei, sich über die Kulturhorizonte zu erheben, in die die Menschen hineingeboren werden – hatte sich tatsächlich im zeitgenössischen intellektuellen Leben etabliert. Er war auf hohem Niveau von Denkern wie Nietzsche und Heidegger legitimiert worden, wurde durch intellektuelle Moden wie den Postmodernismus und den Dekonstruktivismus übertragen und durch die Kulturanthropologie und andere Disziplinen der damaligen Universitäten in die Praxis umgesetzt. Diese Ideen fanden einen fruchtbaren Boden im Egalitarismus der amerikanischen politischen Kultur, in der niemand möchte, dass die Wahl seines »Lifestyle« kritisiert wird. Und es steht außer Frage, dass ein Relativismus dieser Art mit dazu beitrug, dass sich so viele Hochschullehrer und Universitätsrektoren in den sechziger Jahren vergeblich darum bemühten, ihre Ideale angesichts des Angriffs auf die Universität zu verteidigen. Blooms Interessen galten mehr philosophischen Ideen und einer liberalen Erziehung als der Politik; er bestritt ausdrücklich, in irgendeiner Hinsicht konservativ zu sein.

In jenem rebellischen Jahrzehnt fanden sich auch die Väter der neokonservativen Bewegung wie Daniel Bell und Nathan Glazer auf der konservativen Seite im Kampf mit der Neuen Linken und dem studentischen Radikalismus wieder. Was damals noch nicht artikuliert werden konnte, Bloom aber später lieferte, war ein tieferes Verständnis der Schwächen der liberalen Demokratie. Philosophen wie

Isaiah Berlin und Karl Popper, die häufig beschworen wurden, um eine liberale und pluralistische Gesellschaft zu unterstützen und zu verteidigen, konnten in keiner Weise an das philosophische Niveau von Strauss heranreichen. So kann es nicht überraschen, dass diejenigen, die von Strauss, Jaffa oder später Bloom beeinflusst waren, sich in den achtziger Jahren zunehmend den neokonservativen Kreisen anschlossen.

Es gibt eine ganz bestimmte, mit Strauss und seinen Anhängern verknüpfte Idee, die für die Außenpolitik der Bush-Regierung von Relevanz ist, nämlich die Idee der Regierungsform *(regime)*. Die zentrale Bedeutung der Regierungsform für das politische Leben stammt allerdings nicht von Strauss, sondern geht zurück auf eine Beschäftigung mit Plato und Aristoteles, die sich beide ausführlich über das Wesen aristokratischer, monarchischer und demokratischer Regierungsformen sowie über ihre Auswirkungen auf den Charakter des Volkes äußern. Sowohl Plato als auch Aristoteles verstehen die Regierungsform nicht im modernen Sinn als ein Ensemble sichtbarer formaler Institutionen, sondern als eine Lebensweise, in der formale politische Institutionen und informelle Gewohnheiten sich ständig gegenseitig formen. Eine demokratische Regierungsform bringt eine bestimmte Art von Bürgern hervor; von daher erklärt sich die berühmte Beschreibung des demokratischen Menschen durch Sokrates in Platos *Politeia:* »Also, sprach ich, so verlebt er für sich seine Tage, immer der eben aufgeregten Begierde gefällig; bald im Rausch und übermütig, dann wieder trinkt er Wasser und hält magere Kost; bald emsig in Leibesübungen; manchmal auch träge und sich um nichts kümmernd; bald wieder, als vertiefe er sich ganz in die Wissenschaft. Oft auch treibt er die öffentlichen Angelegenheiten, und wenn er aufspringt, redet und handelt er, wie es sich gerade trifft.

Wird er einmal eifersüchtig auf Kriegsmänner, so wendet er sich dahin, und wenn auf Geldmänner, dann auf diese Seite, so dass irgendeine Ordnung oder Notwendigkeit gar nicht über sein Leben schaltet; sondern ein solches Leben nennt er anmutig und frei und selig und hält sich überall danach.«[13]

Unter den modernen politischen Denkern kommt Alexis de Tocqueville dieser antiken Vorstellung von einer Regierungsform am nächsten. Wenn er in seinem Buch *Über die Demokratie in Amerika* die amerikanische Regierungsform beschreibt, beginnt er mit deren formalen Institutionen: der Unabhängigkeitserklärung, der Verfassung, dem Föderalismus und dem Charakter der Gesetze in den amerikanischen Einzelstaaten. Doch was das Buch von Tocqueville besonders aufschlussreich macht, sind seine Beobachtungen über die Gewohnheiten, Bräuche und den Sittenkodex des amerikanischen Volkes: seine Neigung zu freiwilligen Zusammenschlüssen, das Wesen seiner Religiosität, sein Moralismus, sein ungewöhnlicher Stolz auf seine demokratischen Institutionen und Ähnliches. Tocqueville behauptete, die amerikanische Regierungsform gründe sich auf eine Idee der Gleichheit, die natürlich ihre politischen Institutionen definiere, zugleich aber auch das Verhalten und die Überzeugungen ihrer Bürger erfülle. Diese informellen Gewohnheiten erhielten und ermöglichten wiederum die formalen politischen Institutionen. Somit war die Regierungsform in diesem umfassenderen Sinn der Schlüssel zu einem Verständnis des politischen Lebens.

Ein Thema, das uns in den Schriften von Leo Strauss und vieler seiner Schüler begegnet, ist die Rolle der Politik bei der Ausgestaltung der Regierungsformen. Unter den Strauss-Anhängern wird heftig darüber diskutiert, wie Regierungsformen entstehen, allerdings nicht explizit, sondern im Kontext historischer Beispiele wie das der amerikanischen Gründungsväter. Praktisch alle Straussianer sind davon überzeugt, dass der amerikanische »Charakter« nachhaltig von den politischen Institutionen geprägt wurde, welche die Amerikaner in den Jahren zwischen 1776 und 1789 für sich gewählt haben. Diese Institutionen seien keine bloßen Bestätigungen einer lang anhaltenden Entwicklung eines Gewohnheitsrechts, wie dies der konservative britische Denker Edmund Burke angenommen und Strauss kritisiert hatte. Sie waren zu manchen Zeiten das Ergebnis durchaus rationaler Debatten, wie sie etwa in den *Federalist Papers* enthalten sind, die gelegentlich das Niveau einer echten philosophischen Reflexion erreichten.[14] Diese Auffassung von der zentralen Bedeutung der Politik wurde übrigens auch von Tocqueville geteilt, der überzeugt war, dass die Idee einer politischen Gleichheit, die in den amerikanischen Institutionen verankert war, die Sitten und Gewohnheiten erklärten, die dann bei späteren Generationen von Amerikanern zu beobachten waren.

Somit war Strauss weder antipolitisch noch etatistisch; er glaubte wie Aristoteles, dass die Menschen von Natur aus politische Wesen seien und ihre volle Entfaltung nur durch die Teilnahme am Leben der Polis erreichen könnten. Das ist der Grund, warum die Straussianer innerhalb der neokonservativen Bewegung stets ein Problem mit libertären Konservativen hatten. Libertäre verstehen Freiheit nur negativ, als Freiheit von staatlicher Gewalt. In den Worten von Adam Wolfson: »Libertäre werden sich zur Verteidigung jeder nur denkbaren Freiheit erheben […]. Aber es ist eine enge, privatisierte Freiheit, die da geschützt wird. Auf diese Weise wird jedes lebendige Interesse an den öffentlichen Angelegenheiten frustriert. Alles ist erlaubt, nur keine Mitsprache bei der Mitgestaltung des öffentlichen Ethos.«[15] Während also Straussianer und Neokonservative durchaus ein taktisches Bündnis mit traditionellen Konservativen und Libertären in Fragen wie einer Wohlfahrtsreform eingehen konnten, hatten sie von dem Problem ein völlig anderes Verständnis. Sie richteten ihr Augenmerk auf die erodierenden Wirkungen, die Sozialpolitik auf den Charakter der Armen habe; dabei waren sie nicht prinzipiell gegen jede Einmischung des Staates.

Die Bush-Regierung hat den »Regimewechsel« als zentralen Baustein in ihre Außenpolitik aufgenommen und mit den militärischen Interventionen in Afghanistan und im Irak in die Praxis umgesetzt. Entspringt eine Politik dieser Art nun mittelbar oder unmittelbar der Vorstellung von der zentralen Bedeutung der Regierungsform, wie Strauss und seine Anhänger sie verstanden haben? Tatsächlich können bestimmte politische Probleme nur durch einen Regimewechsel gelöst werden. Das bedeutet, dass Regimes in großem Umfang Lebensweisen konstituieren und widerspiegeln. Diese Idee ist in heutigen Theorien der internationalen Beziehungen über einen »demokratischen Frieden« implizit enthalten: Ein Nationalstaat ist keine Blackbox, die mit anderen Staaten in der gleichen Weise um Macht rivalisiert, wie die Realisten behaupten; in der Außenpolitik von Staaten drücken sich die Wertvorstellungen ihrer Gesellschaften aus. Regimes, die ihre eigenen Bürger ungerecht behandeln, werden mit Vertretern anderer Länder wahrscheinlich in derselben Weise umgehen. Deshalb werden Bemühungen, das Verhalten despotischer oder totalitärer Regimes durch externe Belohnungen oder Bestrafungen zu ändern, stets weniger wirkungsvoll sein als ein direktes Einwirken auf die Grundzüge des Regimes. Polen, Ungarn und die Tschechoslowakei hatten bis 1989 kommunistische Regimes und gehörten dem Warschauer Pakt an; die Bedrohung, die sie für Westeuropa darstellten, wurde letztlich nicht durch

Abrüstungsabkommen gemildert, sondern durch die Umwandlung ihrer Regimes in liberale Demokratien.

So weit, so gut: Regimewechsel in Afghanistan und im Irak sind letztlich die besten Garantien dafür, dass diese Länder die Vereinigten Staaten oder ihre Nachbarn nicht mehr bedrohen werden wie unter den Taliban und Saddam Hussein. Strauss und seine Anhänger würden vermutlich darüber hinaus behaupten, dass ein erfolgreicher Regimewechsel langfristig eine positive Auswirkung auf die afghanische und irakische Gesellschaft habe. Saddam Husseins Tyrannei habe Passivität und Fatalismus erzeugt, nicht zu reden von Brutalität und Gewalttätigkeit, während ein demokratischer Irak wahrscheinlich eine stärkere individuelle Eigeninitiative fördern werde.

Doch unter Berufung auf das Strauss'sche Konzept der Regierungsform kann man gleichzeitig einige Vorbehalte gegenüber der gegenwärtigen amerikanischen Außenpolitik vorbringen. Regierungsformen sind in diesem Verständnis nicht nur formale Institutionen und Herrschaftsstrukturen; sie formen die Gesellschaften, die ihnen zugrunde liegen, und sie werden wiederum von diesen geformt. Die ungeschriebenen Regeln, an denen die Menschen sich in ihrem Handeln orientieren und die auf Religion, Verwandtschaft und gemeinsamer historischer Erfahrung beruhen, sind ebenfalls Bestandteil der Regierungsform. Auch wenn die klassische politische Philosophie davon ausgeht, dass neue Regierungsformen zu neuen Lebensweisen führen können, heißt das nicht, dass die Einführung neuer Regierungsformen besonders einfach wäre. Wenn es ein zentrales Thema in der Skepsis von Strauss gegenüber dem modernen Projekt der Aufklärung gibt, dann ist es die Idee, die Vernunft allein sei ausreichend, um eine dauerhafte politische Ordnung zu schaffen.

Die Errichtung einer neuen politischen Ordnung ist somit eine schwierige Aufgabe, zumal für diejenigen, die außerhalb der Sitten, Gewohnheiten und Traditionen des Volkes leben, für das sie Gesetze machen wollen. Historisch haben nur wenige Verwalter des amerikanischen Reiches außerhalb seiner Hemisphäre – mit der möglichen Ausnahme von Douglas MacArthur – eine besondere Eignung für ein solches Vorhaben bewiesen.[16] Sie neigten dazu, ihre amerikanische Erfahrung in fremde Länder zu exportieren statt dafür zu sorgen, dass sich die politischen Institutionen aus den Gewohnheiten und der Erfahrung der dort ansässigen Völker entwickelten. Wer sich auf die Universalität amerikanischer Erfahrungen beruft, kann sich in jedem Fall nicht auf Strauss berufen. Weder Strauss noch einer der politischen Philosophen der Antike waren der Meinung, die moderne Demokratie sei die Musterregierungsform, auf die postdiktatorische Gesellschaften automatisch zurückgreifen würden.

Tocqueville hat zwar gesagt, dass die Demokratie sich letztendlich durchsetze.[17] Doch es besteht ein großer Unterschied zwischen der Aussage, dass es einen breiten, seit Jahrhunderten bestehenden historischen Trend zur Demokratie gebe, und der Überzeugung, eine stabile Demokratie lasse sich zu jedem beliebigen Zeitpunkt und an jedem beliebigen Ort etablieren. Tocqueville verwandte immerhin viel Mühe auf die Erklärung, warum die Demokratie in den Vereinigten Staaten besser funktioniere als in seinem Heimatland Frankreich. Dabei führte er als Grund etwas an, das wir heute als »unterstützende Strukturen« aus den Bereichen der Kultur und der gesellschaftlichen Praxis bezeichnen. Auch für Leo Strauss war zwar ein Wechsel der Regierungsform die notwendige Voraussetzung für einen Wandel von Gesellschaft und Kultur, gleichzeitig jedoch ohne Unterstützung von Gesellschaft und Kultur überaus schwierig zu bewerkstelligen.

Albert Wohlstetter

Leo Strauss hat praktisch nichts über Außenpolitik geschrieben, auch wenn noch so viele seiner Schüler oder Schüler seiner Schüler sich bemüht haben, seine philosophischen Ideen in praktische Politik umzumünzen. Das kann man dagegen nicht von Albert Wohlstetter sagen, dem Lehrer von Paul Wolfowitz, Richard Perle, Zalmay Khalilzad und anderen in der Bush-Regierung oder in deren Nähe.

Wohlstetter war ein mathematischer Logiker, der bei der Rand Corporation in deren Glanzzeiten in den fünfziger Jahren gearbeitet hatte und später einen Lehrstuhl an der Universität Chicago übernahm. Seine Laufbahn war geprägt durch eine langjährige Beschäftigung mit zwei zentralen Problemen. Das erste war das einer weitreichenden Abschreckung. Wohlstetter trat der in der frühen Zeit des Kalten Kriegs vertretenen Ansicht entgegen, ein Mindestmaß an atomarer Abschreckung sei eine billige und effektive Form der nationalen Verteidigung. In politischen Kreisen ist er am bekanntesten geworden mit seiner Untersuchung über die Verwundbarkeit der mit Nuklearsprengköpfen bestückten amerikanischen Mittelstreckenbomber bei einem Präventivschlag. Diese Untersuchung führte zum Konzept der Erstschlagfähigkeit, ein fester Begriff in der Theorie der Abschreckung während des Kalten Kriegs.[18]

Das zweite langjährige Interesse Wohlstetters galt der Frage der Weiterverbreitung von Nuklearwaffen. Er orakelte nach dem Kernwaffensperrvertrag von 1968, ein Recht auf die zivile Nutzung von Kernkraft begünstige die Weiterverbreitung von Kernwaffen; denn seiner Meinung nach ließen sich die für militärische beziehungsweise zivile

Zwecke eingesetzten Technologien nicht nachprüfbar voneinander unterscheiden. Viele Befürchtungen Wohlstetters bewahrheiten sich heute im Nahen Osten, wo der Iran das Recht für sich in Anspruch nimmt, im Rahmen des Atomwaffensperrvertrags angereichertes Uran für zivile Zwecke zu produzieren, ein Vorgehen, das eine ausgezeichnete Tarnung für ein verdecktes Nuklearwaffenprogramm abgibt.

Wir wissen nicht, ob Albert Wohlstetter sich jemals als Neokonservativer verstanden hat, aber er und seine Schüler passten sich mehr oder weniger nahtlos in diese Bewegung ein, weil für sie die Bedrohung durch die Sowjetunion eine ganz reale Gefahr darstellte. Er schloss sich der allgemeinen Meinung der sechziger und siebziger Jahre nicht an, der zufolge das System der Abschreckung durch die Drohung gegenseitiger Vernichtung (MAD – »mutual assured destruction«) ausreichen würde, die Sowjetunion von einem Angriff abzuhalten. Wohlstetters Argument lautete, die Drohung, Hunderte von Millionen Zivilisten auszulöschen, sei ebenso unmoralisch wie unglaubwürdig. Er machte geltend, dass mit zunehmender Genauigkeit der Interkontinentalraketen und dem Einsatz von Mehrfachsprengköpfen eines Tages ein so genannter Counterforce-Krieg denkbar werden könnte – wenn beispielsweise die Sowjets einen Erstschlag gegen die amerikanischen Kernwaffenbasen führen, den größten Teil der landgestützten Kernwaffen vernichten und trotzdem noch genügend Waffen besitzen würden, um die Amerikaner von einem Gegenschlag mit U-Boot-gestützten Kernwaffen gegen ihre Großstädte abzuschrecken.

Obwohl die meisten Counterforce-Szenarien auf beiden Seiten Millionen Todesopfer durch radioaktiven Fallout und andere Nebenwirkungen zur Folge gehabt hätten, war ein solcher Krieg zumindest denkbar. Wohlstetter behauptete, die Sowjetunion habe bereits in der Vergangenheit Verluste in dieser Größenordnung aus politischen Gründen hingenommen und würde sich deshalb in der Zukunft wohl nicht in jedem Fall von einer Pose der Stärke abschrecken lassen, die mit einem Counterforce-Angriff wirksam beantwortet werden könne.

Wohlstetter, Wolfowitz, Perle und politische Verbündete wie Senator Henry M. »Scoop« Jackson (sowie frühere Regierungsmitarbeiter wie Paul Nitze und Dean Acheson, die zusammen mit Wolfowitz im so genannten Team B arbeiteten, das die sowjetische Bedrohung analysierte) standen in einer Front gegen Kissinger und jene zentristischen Republikaner und Demokraten, die bestrebt waren, mit Hilfe einer strategischen Waffenkontrolle MAD festzuschreiben. Sie kritisierten die SALT-und START-Verträge* über strategische Kernwaffen, die in den siebziger Jahren geschlossen worden waren, weil sich damit die wachsenden sowjetischen Fähigkeiten für einen Counterforce-Krieg nicht beschränken ließen, was eine Schwächung der Abschreckung bedeutete.

Wohlstetter teilte demnach mit den älteren Neokonservativen eine feindselige Sicht auf die Sowjetunion und mit ihnen und den Straussschülern die Überzeugung, dass die Regierungsform Auswirkungen auf die Außenpolitik habe. Was er mitbrachte und was den anderen fehlte, waren Fachkenntnisse auf den Gebieten der internationalen Be-

---

* SALT (Strategic Arms Limitation Talks) bezeichnet die Verhandlungen über eine Begrenzung strategischer Rüstung, die seit 1969 zwischen den Supermächten geführt wurden. 1972 und 1979 kam es zu zwei Abkommen (SALT I und II); der zweite wurde jedoch vom US-Senat nicht ratifiziert. Die START-Verträge, die Verträge über die Reduzierung und Begrenzung von strategischen Angriffswaffen, wurden 1991 und 1993 zwischen den USA und der UdSSR/Russland unterzeichnet, aber nicht ratifiziert.

ziehungen, der Verteidigungspolitik und in Sicherheitsfragen. Während der späten siebziger und der achtziger Jahre widmete Wohlstetter seine Aufmerksamkeit dem Persischen Golf, dem Irak, dem Krieg zwischen Iran und Irak und dem aufkeimenden Problem der Weiterverbreitung von Kernwaffen im Nahen Osten. Er und seine Schüler spielten somit eine entscheidende Rolle bei der Umsetzung eines breiten und allgemeinen Spektrums neokonservativer Ideen in ganz spezifische außenpolitische Präferenzen. Durch Wohlstetters Einfluss auf Meinungsmacher wie Robert Bartley, den langjährigen Redakteur des *Wall Street Journal*, etablierten sich diese Präferenzen schließlich als Alternative zu Kissinger und der Entspannungspolitik. Als Ronald Reagan zum Präsidenten gewählt wurde, wurden sie schließlich politisch relevant.

Der rote Faden, der die gesamte Arbeit Wohlstetters durchzieht, ist die Frage, wie sich eine zunehmende Verbesserung in der Zielgenauigkeit auf die Kriegführung auswirkt. Das betraf Kernwaffen wie konventionelle Kriegführung, wo eine Präzisionszielerfassung es nicht mehr notwendig machte, ganze Städte und ihre Zivilbevölkerung mit Bombenteppichen zu überziehen wie noch im Zweiten Weltkrieg. Doch die Entwicklung der Präzisionszielerfassung in der konventionellen Kriegführung hatte einige unerwartete Folgen. In den neunziger Jahren war die technologische Revolution, die Wohlstetter so brillant vorhergesehen hatte, weitgehend Wirklichkeit geworden. Seit dem ersten Golfkrieg wurden Amerikaner mit Videofilmen von amerikanischen Bomben vertraut gemacht, die auf ihre Ziele zurasen und einzelne Gebäude oder Fahrzeuge in die Luft sprengen. In die Jahre gekommene B-52-Bomber, die mit Joint Direct Attack Munition bewaffnet waren (die aus »dummen« Bomben präzise gesteuerte Waffen machte), wurden zu einem festen Bestandteil des Kriegs in Afghanistan, wo sie von Sondereinsatztruppen, die sich gemeinsam mit Kämpfern der Nordallianz zu Pferd auf dem Boden bewegten, abgerufen werden konnten. Diese Entwicklungen sowie eine gleichzeitige Revolution in der Informations- und Kommunikationstechnologie ermöglichten eine umfassende Veränderung in der Art und Weise, wie Kriege geführt werden konnten.

Diese Verlagerung hin zu einer leichteren, schnelleren und beweglicheren Form des Gefechts, die nachdrücklich von Verteidigungsminister Donald Rumsfeld als militärische »Umgestaltung« gefördert wurde, machte zugleich amerikanische Interventionen wahrscheinlicher und erzeugte die Vorstellung, künftige Kriege seien unter dem Aspekt der amerikanischen Verluste mit wesentlich geringeren Kosten verbunden. Im Golfkrieg von 1991 verloren weniger als 200 US-Soldaten im Kampf ihr Leben; die zahlreichen kleineren Interventionen der Clinton-Regierung in Regionen wie Haiti und Bosnien erreichten ihren Gipfel 1999 mit dem Kosovokrieg, in dem kein einziger GI sein Leben verlor. Rumsfeld wollte anscheinend mit der möglichst geringen Truppenzahl im Irak einmarschieren, um die Machbarkeit dieser neuen Art der Kriegführung zu demonstrieren.

Dieser Rückgang an menschlichen Verlusten war einerseits erfreulich. Andererseits erzeugte der Erfolg der amerikanischen Militärtechnologie in den neunziger Jahren die Illusion, es sei möglich, militärische Macht sauber und kostengünstig als Instrument der Außenpolitik einzusetzen. Der Irakkrieg hat unmissverständlich die Grenzen einer solchen leichten, beweglichen Kriegführung gezeigt: Mit ihr kann man praktisch jede bestehende konventionelle Militärmacht besiegen, sie bietet jedoch keine besonderen Vorteile bei der Niederwerfung eines lang anhaltenden Aufstands. »Intelligente« Bomben können nicht zwischen Aufständischen und Nichtkombattanten unterscheiden oder Soldaten behilflich sein, Arabisch zu sprechen. Allein schon das Modell eines Militärs aus freiwilligen Berufssoldaten, das in den fernen Tagen des Vietnamkriegs aufgestellt wurde, funktioniert nur bei kurzen, mit höchstem Einsatz geführten Kriegen. Wenn die US-Regierung es ernst meint mit Regimewechseln und dem Einsatz des US-Militärs zur Unterstützung politischer Ziele in zahlreichen Ländern auf der Erde, dann braucht sie dazu ein Militär, das in vieler Hinsicht anders aussieht, als Albert Wohlstetter es sich vorgestellt hat.

Die große Verschmelzung

Die Gründungsväter der neokonservativen Bewegung, Kristol, Bell und Glazer, fanden sich am Ende in unterschiedlichen politischen Lagern wieder. Während Kristol sich der Reagan-Revolution verschrieb und Republikaner wurde, waren die beiden anderen stärker zentristisch und weniger an eine Partei gebunden. Daniel Patrick Moynihan blieb gar in der Demokratischen Partei und stimmte 1996 als Senator von New York gegen Reagans Gesetzesvorlage zu einer Sozialreform.

Wenn man die Ursprünge der Bewegung im Antikommunismus der Linken bedenkt, ist es nicht überraschend, dass der größte Teil der Neokonservativen der »realistischen« Außenpolitik Henry Kissingers in den siebziger Jahren ablehnend gegenüberstand. Der »Realismus« in der Theorie der internationalen Beziehungen geht davon aus, dass alle Nationen unabhängig von ihrer jeweiligen Regierungsform um Macht konkurrieren. Realismus kann zu manchen Zeiten im Hinblick auf die Regierungsformen relativistisch und agnostisch sein; Realisten sind im Großen und Ganzen nicht der Meinung, die liberale Demokratie sei eine potentiell universelle Regierungsform oder die ihr zugrunde liegenden Werte seien zwangsläufig den Werten überlegen, die in nichtdemokratischen Gesellschaften geachtet werden. Sie warnen tendenziell sogar vor einem missionarischen demokratischen Idealismus, der in ihren Augen gefährlich destabilisierend werden kann.

Henry Kissinger war ein klassischer Realist, eine Position, die er unbeirrbar beibehielt, von seiner Dissertation über Metternich bis zu seinem großen Werk über die Diplomatie.[19] Sein Versuch, als Nationaler Sicherheitsberater und später als Außenminister mit der ehemaligen Sowjetunion eine Entspannung zu erreichen, entsprach seiner Auffassung, dass Russland eine feste Größe in der Weltpolitik sei. Die Vereinigten Staaten und andere Demokratien müssten lernen, so Kissinger, sich mit der sowjetischen Macht zu arrangieren. Nach alledem lag es nur nahe, dass die meisten Neokonservativen auf breiter Front Ronald Reagan in seinem Bemühen unterstützten, den Kampf zwischen dem Sowjetkommunismus und der liberalen Demokratie wieder zu moralisieren, und auch nichts dabei fanden, als er von der Sowjetunion als einem »Reich des Bösen« sprach.

Gleichwohl wurde es ab Ende der siebziger Jahre immer schwieriger, den Neokonservatismus von anderen, traditionelleren Spielarten des amerikanischen Konservatismus zu unterscheiden, ob dieser nun auf einem libertären Vorbehalt gegen den Staat, einem religiösen oder sozialen Konservatismus oder einem amerikanischen Nationalismus beruhen mochte. Selbst die Feststellung, wer als Neokonservativer zu gelten habe, wurde schwierig. Hierfür gab es zwei Gründe. Zum einen wurden viele neokonservative Ideen von orthodoxen Konservativen und überhaupt von einer breiteren amerikanischen Öffentlichkeit vorbehaltlos übernommen. Ronald Reagan warnte immer wieder gern vor unverheirateten afroamerikanischen minderjährigen Müttern, die ihre Kinder nur scheinbar allein erziehen müssten und sich mit staatlichen Beihilfen ein angenehmes Leben bereiten könnten. Und auf höherem geistigem Niveau wurde von Sozialwissenschaftlern auf den Seiten von *The Public Interest* über den Zusammenhang zwischen Sozialprogrammen und der Abhängigkeit von staatlichen Beihilfen debattiert. In der Außenpolitik fanden sich gestandene Kalte Krieger wie Dean Acheson und Paul Nitze Seite an Seite mit den Neokonservativen in ihrer Opposition zu Kissingers Bemühen um eine Verständigung mit der Sowjetunion.

Zum anderen übernahmen umgekehrt viele Neokonservative nach und nach viele innenpolitische Positionen traditioneller Konservativer. Man kann gewiss nicht behaupten, es habe eine natürliche Verwandtschaft bestanden zwischen den ursprünglichen Auffassungen der CCNY-Gruppe und den Mitarbeitern von *The Public Interest* – schließlich waren sie alle einmal Sozialisten – auf der einen und dem auf die Kräfte des freien Marktes bauenden Konservatismus Ronald Reagans auf der anderen Seite. Und dennoch hatten in den achtziger Jahren die meisten Neokonservativen ihren Frieden mit dem amerikanischen Kapitalismus gemacht: Sie waren zwar keine wahren Gläubigen wie die Anhänger von Mises, Hayek oder James Buchanan, aber eine Kritik des Marktkapitalismus hatte zu keinem Zeitpunkt ganz oben auf ihrem Programm gestanden. In den neunziger Jahren erstreckte sich die Konvergenz auch auf die Sphären der Kultur und der Religion. Deutlich unterschieden sich die Neokonservativen wie Pat Buchanan allerdings von Konservativen in der Tradition Jacksons vor allem dann, wenn es um Immigration und Freihandel ging (die von ihnen weitgehend unterstützt wurden).[20]

Die Verflechtung des Neokonservatismus mit anderen Strängen des amerikanischen Konservatismus erschwerte es, spezifisch neokonservative Positionen zu identifizieren. Die heutigen Gegner dieser Bewegung übertreiben stark die Einheitlichkeit der Auffassungen, die innerhalb der Gruppe selbst erklärter Neokonservativer seit den achtziger Jahren bestehen. Die tatsächliche Unterschiedlichkeit ihrer Meinungen zeigte sich vor allem nach dem unerwarteten Untergang des Kommunismus in den Jahren 1989 bis 1991, als die einheitliche Position in der Außenpolitik sich auflöste und die Neokonservativen untereinander über das Wesen der amerikanischen nationalen Interessen nach dem Kalten Krieg debattierten. Zwar waren sich – wie gesehen – die meisten Neokonservativen einig in ihrer Überzeugung von der Bedeutung der Regierungsform und in der Ablehnung eines unausgesprochenen Relativismus bei den Realisten. Doch in den frühen neunziger Jahren gab es unter den Neokonservativen keine Übereinstimmung darüber, wie weit sich die Außenpolitik der Vereinigten Staaten der Förderung der Demokratie oder der Einhaltung von Menschenrechten verschreiben oder in welchem Maße sie sich überhaupt in der Welt engagieren sollte. Irving Kristol selbst plädierte erstmals in den achtziger Jahren dafür, dass die Vereinigten Staaten daran denken sollten, ihr Engagement in Europa zu reduzieren; bereits der Name der von ihm gegründeten Zeitschrift, *The National Interest*, legte eine eingeschränkte Rolle Amerikas in der Welt nahe. Es gab eine lebhafte Debatte unter selbst erklärten Neokonservativen über die meisten der wichtigen außenpolitischen Fragen, die während der neunziger Jahre aufkamen – eine potentielle Intervention auf dem Balkan, die Beziehungen der USA zu China oder eine Erweiterung der NATO.

Kristol, Kagan und die neunziger Jahre

Die expansive, interventionistische und für eine Verbreitung der Demokratie eintretende Position, in der man heute das Wesen des Neokonservatismus sieht, ist weit eher das Produkt von jüngeren Autoren, etwa William Kristol, dem Sohn Irving Kristols, und Robert Kagan. Sie traten von der Mitte bis Ende der neunziger Jahre in der Zeitschrift *The Weekly Standard* für einen neuen außenpolitischen Kurs ein. Dieser Versuch einer Neudefinition des Neokonservatismus war insofern erfolgreich, als die meisten Menschen auf der Welt den Neokonservatismus heute mit Kristols und Kagans Position verbinden, obwohl die Positionen der heutigen Neokonservativen alles andere als homogen sind.

Kristol und Kagan definierten ihre Version neokonservativer Außenpolitik erstmals systematisch in einem Aufsatz, der 1996 in *Foreign Affairs* erschien. Sie entwickelten darin eine »neoreaganistische« Agenda für die Republikanische Partei, die später in erweiterter Fassung als Buch erschien. Sie setzten sich mit Jeanne Kirkpatricks Plädoyer für eine Rückkehr zur amerikanischen »Normalität« nach dem Ende des Kalten Kriegs auseinander und forderten stattdessen eine »wohlwollende Hegemonie« unter amerikanischer Führung, womit unter anderem gemeint war, »sich aufstrebenden Diktatoren und feindseligen Ideologien zu widersetzen und sie nach Möglichkeit zu unterlaufen; amerikanische Interessen und liberal-demokratische Prinzipien zu unterstützen und allen, die gegen die extremeren Manifestationen des menschlichen Bösen kämpfen, Unterstützung zu gewähren«.[21] Über diese »neoreaganistische« Außenpolitik hieß es häufig, sie sei vom Geiste Wilsons durchdrungen. Allerdings handelte es sich um einen »Wilsonianismus«, der ohne internationale Institutionen auszukommen glaubte.[22] Mit anderen Worten, Woodrow Wilson war bemüht, einen demokratischen Frieden zu schaffen und die Ausbreitung der liberalen Demokratie durch die Errichtung einer liberalen internationalen Rechtsordnung auf der Grundlage des Völkerbunds zu fördern. Diese Tradition eines liberalen Internationalismus blieb als starke Komponente der amerikanischen Außenpolitik in den Bemühungen der Roosevelt- und der Truman-Regierung, die Vereinten Nationen zu gründen, erhalten, fehlte jedoch vollständig sowohl im älteren als auch im neueren Programm der Neokonservativen. Statt internationaler Institutionen schlugen Kristol und Kagan drei Instrumente vor, mit denen der amerikanische Einfluss zur Geltung kommen sollte: eine starke militärische Überlegenheit, eine erneuerte Hinwendung zu Bündnispartnern und ein Raketenabwehrsystem als Schutz des amerikanischen Territoriums vor einem Gegenangriff.[23]

Kristol und Kagan sprachen sich ausdrücklich für eine aktive Beförderung von Regimewechseln aus. Sie erklärten, dass es in der Praxis unmöglich sei, despotische Regimes durch Abkommen, Völkerrecht oder Normen dazu zu bringen, sich an zivilisierte Regeln zu halten. Zudem zeigten sie sich davon überzeugt, dass langfristig allein eine Demokratisierung eine Einhaltung von Verträgen und Normen garantieren könne. Es sei ein Fehler gewesen, dass die Vereinigten Staaten während des Golfkriegs 1991 nicht nach Bagdad marschiert seien, um Saddam Hussein abzusetzen; und die Streitkräfte der NATO hätten vom Kosovo aus nach Serbien eindringen und Milosević stürzen sollen. Sie forderten einen Regimewechsel nicht nur im Fall von »Schurkenstaaten« wie Irak, Nordkorea und Iran, sondern auch für China, das in der Zeit vor dem 11. September für sie der zentrale Widersacher im internationalen System war.

Die Agenda von Kristol und Kagan beruhte auf der Überzeugung, dass eine aktivistische Außenpolitik dieser Art im besten Interesse der Vereinigten Staaten liege. Doch dahinter stand noch eine weniger offensichtliche politische Überlegung. Während der Jahre unter der Clinton-Regierung, als die Vereinigten Staaten anscheinend nicht von außen bedroht waren, trat David Brooks, damals einer der Redakteure des *Weekly Standard*, für eine Politik der »nationalen Größe« ein, wobei ihm die Regierung Theodore Roosevelts als Modell vorschwebte.[24] Nationale Größe wurde als ein Gegenmittel gegen den tendenziell staatsfeindlichen libertären Konservatismus eines wichtigen Flügels der Republikanischen Partei angesehen, jenes Flügels, der während des gesamten Zweiten Weltkriegs isolationistisch geblieben war und möglicherweise zu dieser Richtung zurückkehren würde. Darüber hinaus bemerkte Kristol bei mehreren Gelegenheiten, dass die Republikanische Partei ihre Stärke immer dann gezeigt habe, wenn es um außenpolitische Fragen gegangen sei und nicht um Innenpolitik oder die Wirtschaft. Dieser Entwurf von Außenpolitik hatte folgerichtig nicht die Bedingungen der Welt außerhalb Amerikas im Auge, sondern innere Befindlichkeiten in Amerika.

Die Kristol-Kagan-Agenda brachte die Autoren in den späten neunziger Jahren in Konflikt mit wichtigen Teilen der Republikanischen Partei. Während der späten neunziger Jahre vertrug sich ihr »harter Wilsonianismus« (Max

Boot) viel besser mit manchen politischen Projekten der Clinton-Administration: Sie unterstützten eine humanitäre Intervention auf dem Balkan und in Afrika und sprachen sich für ein politisches Engagement im Ausland in einem Umfang aus, der sowohl für den realistischen wie den nationalistischen Flügel der Partei völlig inakzeptabel war. Kristol und Kagan gerieten aber auch in Konflikt mit vielen anderen selbst erklärten Neokonservativen wie Jeanne Kirkpatrick oder Charles Krauthammer, die zu jener Zeit noch wesentlich bescheidenere Auffassungen von den nationalen Interessen der USA hatten.

Ein auffallendes Merkmal der neokonservativen Publikationen in den neunziger Jahren war ihr generell fehlendes Interesse an Fragen, die Probleme der internationalen Wirtschaft oder von Entwicklung betrafen. Die Forderung nach neuen internationalen Institutionen ging zu einem Großteil auf die Erfordernisse des Welthandels und der globalen Investitionen zurück, was zur Bildung von Organen wie der Welthandelsorganisation (WTO) geführt hat. Neokonservative haben sich in der Regel für Politik, Sicherheitsfragen und Ideologie interessiert; von ihnen kamen vergleichsweise wenig profilierte Meinungen zu Globalisierung, Wettbewerbsfähigkeit, Entwicklung und anderen Fragen in diesen Bereichen. Aufsätze in neokonservativen Zeitschriften zu wirtschaftlichen Themen wurden zumeist an Wirtschaftsfachleute delegiert. Trotz einiger früher theoretischer Kritiken des modernen Kapitalismus bewegten sich ihre wirtschaftspolitischen Rezepte im Lauf der Zeit zunehmend in den orthodoxen Bahnen der damaligen amerikanischen neoklassischen Wirtschaftstheorie.[25]

Da die Kristol-Kagan-Agenda im Denken vieler Menschen auch außerhalb der USA so unauslöschlich mit dem Neokonservatismus verbunden ist und von der jetzigen

Bush-Regierung in die Praxis umgesetzt wurde, wäre es ein mühseliges Unterfangen, nachträglich eine Neudefinition der neokonservativen Außenpolitik zu versuchen. Es sollte jedoch klar geworden sein, dass das neokonservative Erbe sehr komplex war und vielfältige Strömungen hatte und dass die spezifischen Weiterungen für die praktische Politik im Umgang mit China, dem Irak oder den europäischen Ländern, die man aus den neokonservativen Grundprinzipien ableiten könnte, nicht unbedingt dieselben waren, für die Kristol und Kagan sich entschieden haben.

War Ronald Reagan ein Neokonservativer? Ist George W. Bush einer?

Die Verflechtung von Neo- und traditionellen Konservativen seit den achtziger Jahren stellt uns vor die Frage, wer überhaupt noch als Neokonservativer gelten kann. Kristol und Kagan haben sich ausdrücklich auf Ronald Reagan bezogen. Wie weit ist nun die Außenpolitik von George W. Bush eine Fortsetzung der Tradition des Reaganismus, ist George W. Bush gar ein Neokonservativer?

Allerdings wirkt es etwas merkwürdig, Präsidenten wie Reagan oder Bush als Neokonservative zu bezeichnen. Denn Neokonservative waren ursprünglich überwiegend jüdische Intellektuelle, die gern lasen, schrieben, sich stritten und debattierten; in gewisser Hinsicht waren es ihre intellektuelle Brillanz, ihre Fähigkeit zur Reflexion und die Differenzierung und Flexibilität in Verbindung mit ihrer intellektuellen Debatte, die ihre Qualität ausmachten und sie von den Altkonservativen unterschied.

Von den beiden in Frage stehenden Präsidenten ist Ro-

nald Reagan in meinen Augen offensichtlicher den Neokonservativen zuzurechnen. Auch wenn seine Gegner es
nie zugeben würden, Ronald Reagan war ein Intellektuel-
ler: In den ersten zehn Jahren seiner politischen Laufbahn fiel er lediglich durch allerlei Ideen und Thesen über
den Kommunismus und den freien Markt, amerikanische
Werte und die Probleme mit der herrschenden liberalen
Orthodoxie auf. Außerdem hatte er mit der CCNY-
Gruppe gemeinsam, dass er über die Linke zum Antikommunismus kam; er begann als Demokrat und Bewunderer
Franklin D. Roosevelts und war Gewerkschaftsführer als
Präsident der Schauspielervereinigung (Screen Actors
Guild). Seine Ablehnung des Kommunismus geht vermutlich zurück auf seine Kämpfe mit Kommunisten oder de-
ren Sympathisanten in Hollywood. Seine außenpolitischen
Vorstellungen unterschieden sich deutlich von denen
Jimmy Carters oder des Trios Nixon-Ford-Kissinger. Er
war fest davon überzeugt, dass der innenpolitische Charakter eines Regimes dessen außenpolitisches Verhalten beeinflusst, und er war nicht bereit, sich mit der ehemaligen
Sowjetunion zu verständigen, da er klarer als viele andere
ihre inneren Widersprüche und Schwächen erkannte.[26]

In der Frage, ob George W. Bush ein Neokonservativer
ist oder jemals einer war, hat es für mich den Anschein,
dass er mit dem Beginn seiner zweiten Amtszeit einer geworden ist. Als Präsidentschaftskandidat ließ er noch ver-
lauten: »Ich glaube nicht, dass unsere Soldaten für etwas
eingesetzt werden sollten, was als Nation-Building bezeichnet wird. Meiner Meinung nach sollten unsere Soldaten dafür eingesetzt werden, einen Krieg zu führen und
zu gewinnen.« Seine außenpolitische Vertraute und spätere nationale Sicherheitsberaterin Condoleezza Rice be-
klagte, »US-Soldaten sollten nicht dazu eingesetzt werden, Schulkinder [auf dem Balkan] zu eskortieren«, und

drängte darauf, sie wieder nach Hause zu holen. In der
ersten Zeit wurde der Krieg im Irak nicht in den Begriffen eines Wilsonianismus gerechtfertigt, sondern mit der
Notwendigkeit, der Bedrohung durch irakische Massenvernichtungswaffen zu begegnen. Erst einen Monat vor
dem Krieg benannte Bush die Demokratisierung des Irak
als Kriegsziel sowie darüber hinaus die umfassende politische Umgestaltung des Nahen Ostens.[27]

Zur Zeit seines zweiten Amtsantritts hatte Bush einen
Großteil der neokonservativen Agenda zumindest als rhe-
torischen Rahmen für seine neue Amtszeit übernommen.
Er sprach kaum noch über Terrorismus und Sicherheit,
sondern vom Universalismus demokratischer Werte
(»eines Tages wird der Ruf der Freiheit jedes Ohr und jedes Herz erreichen«). Er entdeckte plötzlich einen Zusammenhang zwischen Regierungsform und außenpoliti-
schem Handeln (die Verbreitung der Demokratie »ist das
dringende Erfordernis der Sicherheit unserer Nation«)
und stellte fest: »Das Überleben der Freiheit in unserem
Land hängt zunehmend vom Erfolg der Freiheit in anderen Ländern ab.«

Viele Beobachter merkten an, dass Bush die wilsonianis-
tische Agenda hauptsächlich deshalb in den Vordergrund
gestellt habe, weil die Sicherheitsbegründung für die entscheidende Tat seiner Regierung – den Irakkrieg – entfal-
len war. Das mag sein, doch wenn der politische Schritt
erst einmal getan ist, spielt es keine Rolle mehr, wie der
Präsident dorthin gelangt ist. Und es gibt wohl kaum
einen Zweifel daran, dass Bush an das glaubt, was er über
die Bedeutung eines Programms der Demokratieverbreitung sagt, zumindest im Prinzip. Das Problem für Bushs
zweite Amtszeit liegt in dem ungeheuren Maß an Ablehnung das seine politischen Entscheidungen in der ersten
Amtszeit bewirkt haben. Das durchaus noble Ziel einer

Demokratieverbreitung ist mittlerweile in Misskredit geraten. Sein nachträglicher Versuch, einen Präventivkrieg in einer idealistischen Rhetorik zu rechtfertigen, hat dazu geführt, dass seine Kritiker einfach nur das Gegenteil von dem wollen, was Bush selber will.

Eine Bilanz

Heute, da allein schon das Attribut »neokonservativ« zu einem Schimpfwort geworden ist, müssen wir auf das neokonservative Erbe, nicht nur der letzten fünf, sondern der letzten fünfzig Jahre sehen.

Wie oben ausgeführt, bestanden zumindest während der vergangenen 25 Jahre unter den selbst erklärten Neokonservativen höchst unterschiedliche Meinungen zur US-Außenpolitik. Trotzdem lassen sich vier Grundprinzipien herausfiltern, die von der großen Mehrzahl der Neokonservativen vertreten werden:

• Die Überzeugung, dass der innenpolitische Charakter eines Regimes sich auch auf dessen Außenpolitik auswirkt und dass sich in der Außenpolitik die tiefsten liberalen Werte demokratischer Gesellschaften ausdrücken müssen. Die Auffassung, dass der Charakter eines Regimes auch dessen Außenpolitik bestimme, wurde von Neokonservativen konsequenter vertreten als die alternative realistische Auffassung, dass alle Staaten ungeachtet ihrer Regierungsform gleichermaßen nach Macht streben. Die frühen neokonservativen Antistalinisten sahen im Kalten Krieg einen Kampf zwischen unterschiedlichen Ideologien und Werten, einen Kampf, der in den Jahren unter

Reagan darum ging, wie man sich gegenüber der Sowjetunion verhalten solle. Auch die Anhänger von Leo Strauss innerhalb der neokonservativen Bewegung sahen in der Regierungsform ein zentrales organisierendes Prinzip der Politik.

• Die Überzeugung, dass die amerikanische Macht zu moralischen Zwecken eingesetzt wurde und werden sollte und dass die Vereinigten Staaten sich auch weiterhin in internationalen Angelegenheiten engagieren müssen. Es gibt einen realistischen Aspekt des außenpolitischen Konzepts der Neokonservativen, der in der Erkenntnis liegt, dass Macht häufig notwendig ist, um moralische Ziele zu erreichen. Das traf ebenso zu für den Balkan in den neunziger Jahren wie für den Zweiten Weltkrieg und den Kampf gegen Hitler.

• Ein Misstrauen gegenüber Projekten einer Sozialtechnologie in großem Maßstab. Die widrigen Folgen einer allzu ehrgeizigen Sozialplanung sind ein ständig wiederkehrendes Thema im neokonservativen Denken, das die Kritik am Stalinismus in den vierziger Jahren mit dem Skeptizismus der Zeitschrift *The Public Interest* gegenüber der »Great Society« der sechziger Jahre verbindet.

• Schließlich eine skeptische Haltung gegenüber der Legitimität und Effektivität des Völkerrechts und internationaler Institutionen zur Verwirklichung von Sicherheit oder Gerechtigkeit. Zwar hat man die Neokonservativen als Wilsonianer bezeichnet, doch Woodrow Wilson selbst war bestrebt, Demokratie durch die Schaffung eines Völkerbunds zu erreichen. Der Traum, überhaupt jede Machtpolitik zu überwinden und durch ein Völkerrecht zu ersetzen, wird heute von vielen liberalen Internationalisten und von vielen Europäern geteilt. Die Neokonservativen stimmen in dieser Hinsicht mit den Realisten überein, dass das Völkerrecht nicht geeignet sei, um Regeln durchzusetzen und Aggression einzudämmen. Sie stehen darüber hinaus den Vereinten Nationen in ihrer Rolle als Schlichter von Konflikten höchst kritisch gegenüber. Das Misstrauen gegenüber den Vereinten Nationen erstreckt sich bei den meisten Neokonservativen nicht auf sämtliche Formen einer multilateralen Kooperation; die meisten von ihnen stehen beispielsweise der NATO durchaus positiv gegenüber und sind vom Wert kollektiver Maßnahmen auf der Grundlage gemeinsam akzeptierter demokratischer Grundsätze überzeugt.[28]

Der Kern ihres politischen Denkens war der globale Kampf gegen den Kommunismus. Weitaus adäquater als ihre Gegner analysierten die Neokonservativen das Wesen des Kommunismus und zeichneten den Weg, wie er zu überwinden sei – weitaus treffender als vielen von ihnen selbst klar war. In den frühen Tagen des Kalten Kriegs war ein breites Spektrum hoher amerikanischer Politiker von John F. Kennedy und Hubert Humphrey bis Paul Nitze und George Kennan davon überzeugt, dass der kommunistische Totalitarismus eine einzigartige Form des Bösen darstelle. Auch wenn sie den Begriff des Regimewechsels nicht benutzten, nahmen viele frühe Kalte Krieger an, dass die sowjetische Bedrohung aus der sowjetischen Regierungsform herrührte und erst dann enden würde, wenn das Regime selbst von einem anderen abgelöst sei.

Nach dem Vietnamkrieg kam jedoch eine völlig andere Sicht der Dinge auf, die Jimmy Carter auf die Formel brachte, der Westen lebe in einer »übertriebenen Furcht vor dem Kommunismus«. So sahen das vor allem die Linken, die eine gewisse Sympathie für die sozialistischen Ziele, wenn auch nicht die Mittel, des Kommunismus hegten, und die Realisten auf der Rechten, die den Kommunismus als eine andere berechtigte Lebensweise ansahen, mit der die westlichen Demokratien sich arrangieren müssten. An den Neokonservativen jedoch ging Vietnam spurlos vorbei: Sie trugen weiterhin die Fackel der Freiheit und pflegten die Vorstellung vom Kommunismus als des schlechthin Bösen.

Ronald Reagan wurde von gebildeten Leuten der amerikanischen Linken und in Europa verspottet, weil er die ehemalige Sowjetunion und deren Verbündete als das »Reich des Bösen« tituliert und Michail Gorbatschow aufgefordert hatte, nicht einfach nur sein System zu reformieren, sondern auch »diese Mauer einzureißen«. Sein Abteilungsleiter für internationale Sicherheitspolitik im Verteidigungsministerium, Richard Perle, wurde wegen dieser unversöhnlichen harten Position als »Fürst der Finsternis« geschmäht, und sein Vorschlag einer globalen »Doppel-Null-Lösung« in den Abrüstungsverhandlungen über Mittelstreckenraketen wurde von den konformistisch-zentristischen außenpolitischen Experten etwa im Council on Foreign Relations und dem US-Außenministerium als hoffnungslos realitätsfremd angegriffen. Diese Gemeinde war der Ansicht, die Reagananhänger seien gefährlich weltfremd in ihren Hoffnungen, den Kalten Krieg gewinnen zu können, statt die friedliche Koexistenz mit der Sowjetunion fortzuschreiben.[29]

Trotz alledem bedeuteten die Ereignisse in den Jahren 1989/91 nichts anderes als einen Sieg der Vereinigten Staaten im Kalten Krieg. Gorbatschow akzeptierte nicht nur die Doppel-Null-Lösung, sondern auch umfangreiche Reduzierungen der konventionellen Streitkräfte; er war zudem nicht in der Lage, den Abfall der Polen, Ungarn und der Ostdeutschen vom Sowjetreich zu verhindern. Der Sowjetkommunismus fiel aufgrund seiner inneren moralischen Schwächen und Widersprüche innerhalb weniger Jahre wie ein Kartenhaus in sich zusammen, und mit den

Regimewechseln in Osteuropa und in der ehemaligen Sowjetunion verflüchtigte sich auch die Bedrohung des Westens durch die Warschauer Paktstaaten.[30] Ehemalige Untertanen des »Reichs des Bösen« wie die Polen, Tschechen oder die Esten hatten keine Probleme mit dieser moralisierenden Sprache und verübeln es bis heute vielen Westeuropäern, dass diese bereit gewesen waren, die Sache ihrer Befreiung von der Sowjetmacht preiszugeben.

Die gegenwärtigen Spaltungen zwischen dem alten und dem neuen Europa lassen sich unmittelbar darauf zurückführen: Die neuen Europäer wussten, dass ihre Lage sich erst dann grundlegend ändern würde, wenn sie sich wieder dem demokratischen Westen anschließen könnten.

Die Grenzen der NATO sind inzwischen bis zum Bottnischen Meerbusen und bis zur Oder ausgedehnt worden, und der Volksaufstand in der Ukraine, der Viktor Juschtschenko 2004/2005 an die Macht gebracht hat, lässt vermuten, dass die demokratische Welle noch nicht verebbt ist. Der schnelle, unerwartete und weitgehend friedliche Zusammenbruch des Kommunismus bekräftigte den Ansatz, eine Politik von Regimewechseln betreiben zu können. Und dennoch legte diese außergewöhnliche Bestätigung das Fundament zu der falschen Wendung, die von vielen Neokonservativen in dem anschließenden Jahrzehnt vorgenommen wurde und die unmittelbare Folgen für die amerikanische Außenpolitik nach dem 11. September hatte. Die Gründe für diesen falschen Weg, den die Neokonservativen nach 1989 einschlugen, liegen zum einen in der Fehlinterpretation von 1989 und in den psychologischen Beziehungen zu ihren politischen Gegnern.

1989 war ein *annus mirabilis*, ein politisches Wunder, das selbst Ronald Reagan, in dessen Augen der Kommunismus auf den »Kehrichthaufen der Geschichte« zusteuerte, unmöglich hätte erwarten können. Praktisch jeder, der sich wissenschaftlich mit der Sowjetmacht beschäftigte, ob von der Linken oder der Rechten, nahm an, dass ein Regimewechsel in Osteuropa weder friedlich noch mit der offenen Billigung der Sowjets erfolgen würde. Jeder nahm an, dass die Politbüros in Polen und der DDR ebenso wie in Moskau zwischen Reformern und Falken gespalten seien und dass die Letzteren sich im Ernstfall verweigern und einem Regimewechsel mit militärischer Gewalt widersetzen würden. Dass die kommunistischen Hardliner selbst zu einem solchen Kampf keine Lust hatten, lässt auf eine viel tiefere moralische Verrottung im Herzen des kommunistischen Systems schließen als praktisch alle vermutet hatten.

Auf ein Wunder kann man in zweierlei Weise reagieren. Man kann sich sagen, »es geschehen immer wieder Wunder«, und weitere Wunder erwarten. Im Fall des Untergangs des Kommunismus bedeutete eine solche Haltung eine Übertragung der Erfahrung der Osteuropäer auf andere Teile der Welt. Die Osteuropäer strebten unzweifelhaft nach einer Befreiung von einer verhassten Tyrannei; die Eliminierung der Sowjetmacht war wie das Bersten eines Damms, das einem Fluss die Rückkehr in sein natürliches Bett ermöglichte. Wir haben uns einmal von Menschen zum Narren halten lassen, die sagten, die Osteuropäer hätten gelernt, ihr Gefängnisdasein zu lieben; wir sollten die demokratischen Impulse in anderen Regionen nicht schon wieder unterschätzen.

Die alternative Reaktion besteht darin, dem Herrgott zu danken, dass man ein solch seltenes Glück gehabt hat, den Gewinn einzustreichen und darüber nachzudenken, wie einmalig die näheren Umstände dessen waren, was man gerade erlebt hatte. Man kann davon überzeugt sein, dass die liberale Demokratie die Welle der Zukunft ist, ohne damit den Glauben zu verbinden, dass furchtbare Tyranneien unweigerlich zu Grunde gehen, ohne dass ein einziger Schuss abgefeuert würde. Im Nachhinein können wir erkennen, dass der Kommunismus eine durch und durch hohle und am Schreibtisch konstruierte Ideologie war, die in ihren Gesellschaften keine Wurzeln geschlagen hatte.

Die Rückkehr der Osteuropäer zur Demokratie hatte viel mit dem Umstand zu tun, dass sie in Wirklichkeit Europäer auf einem hohen Entwicklungsniveau waren, deren natürlicher Fortschritt durch die furchtbaren Ereignisse des 20. Jahrhunderts unterbrochen worden war. Doch das heißt noch nicht, dass überhaupt alle Diktaturen keine Wurzeln in ihren Gesellschaften hätten oder dass sie ebenso schnell und friedlich verschwinden werden wie der europäische Kommunismus.

Viele Leser haben mein Buch *Das Ende der Geschichte* so verstanden, als sei ich ein Anhänger der ersten Interpretation, nämlich dass es bei allen Menschen eine Sehnsucht nach Freiheit gebe, die sie zwangsläufig zur liberalen Demokratie führen werde, und dass wir inmitten einer sich beschleunigenden transnationalen Bewegung auf dem Weg zu einer liberalen Demokratie lebten.[31] Das geht an meinem eigentlichen Argument vorbei. In *Das Ende der Geschichte* geht es eigentlich um Modernisierung. Was *ursprünglich* universell ist, ist nicht der Wunsch nach einer liberalen Demokratie, sondern der Wunsch, in einer modernen Gesellschaft zu leben mit ihrer Technik, ihren hohen Lebensstandards, der guten Gesundheitsfürsorge und einem Zugang zur weiteren Welt. Eine gelungene wirtschaftliche Modernisierung wird die Nachfrage nach politischer Beteiligung erhöhen, indem sie eine bürgerliche Mittelschicht hervorbringt (deren Eigentum geschützt werden muss), höhere Bildungsniveaus und ein stärkeres Bedürfnis nach Anerkennung der eigenen Individualität. Die liberale Demokratie ist eines der Nebenprodukte dieses Modernisierungsprozesses, etwas, das erst im Verlauf der historischen Zeit zu einem allgemeinen Ziel werden wird. Ich habe nie eine schematische Version der Modernisierungstheorie vertreten mit starren Entwicklungsstadien oder wirtschaftlich determinierten Ergebnissen. Die konkreten Verhältnisse, Führungspersönlichkeiten und Ideen haben seit jeher ihren komplizierenden Einfluss ausgeübt, was erhebliche Rückschläge möglich, wenn nicht sogar wahrscheinlich gemacht hat.

Ken Jowitt hat meine Ansichten und deren Unterschiede gegenüber der Position der Bush-Regierung präzise dargestellt:

»Anfänglich übernahm die Bush-Regierung, wenn auch unausgesprochen, die These vom ›Ende der Geschichte‹, dass der ›Rest‹ der Welt auf mehr oder weniger natürliche Weise ähnlich wie der Westen im Allgemeinen und wie die Vereinigten Staaten im Besonderen werden würde. Das hat sich mit dem 11. September geändert. In dessen Nachwehen ist die Bush-Administration zu dem Schluss gelangt, dass Fukuyamas historischer Fahrplan die Entwicklung zu sehr sich selbst überlasse. Die Geschichte brauche stattdessen eine bewusste Organisation, Führung und Lenkung. Ironischerweise hat Bush mit der Politik des Regimewechsels als entscheidendes Mittel für seine antiterroristische Politik und als wesentliches Element des Bedürfnisses nach einer demokratischen kapitalistischen Welt zu einer aktiven ›leninistischen‹ Außenpolitik gegriffen, anstatt auf Fukuyamas passive ›marxistische‹ Sozialteleologie zu vertrauen.«[32]

Ich war nie ein Sympathisant des Leninismus und war daher skeptisch, als die Bush-Regierung leninistisch wurde. Für mich war die universelle Verbreitung der Demokratie ein langfristiger Prozess. Doch ob der schnelle und vergleichsweise friedliche Übergang zur Demokratie und zu einer freien Marktwirtschaft, den die Polen, Ungarn oder sogar die Rumänen erlebt haben, in anderen Teilen der Welt zu jedem Zeitpunkt wiederholt werden kann, darf bezweifelt werden.

Innerhalb der ehemaligen kommunistischen Welt waren die Ergebnisse der Transformation in den einzelnen Ländern höchst unterschiedlich und reichten von einem raschen Wechsel zu Demokratie und Marktwirtschaft in Polen und Estland bis zum Fortbestand autoritärer Regierungen in Weißrussland und vielen der zentralasiatischen Nachfolgestaaten. Politische Führung, Geschichte, Kultur, Geographie und andere besondere Faktoren unterschieden sich innerhalb der ehemaligen kommunistischen Welt und hatten einen starken Einfluss auf den Erfolg eines politischen Wandels. Wie ich im 5. Kapitel erörtern werde, lassen sich demokratische Übergänge im Allgemeinen nur sehr schwer bewerkstelligen, und eine wirtschaftliche Entwicklung lässt sich ebenfalls nur unter Schwierigkeiten in Gang bringen. Das deutet darauf hin, dass explosionsartige Übergänge von der Art, wie wir sie in der kommunistischen Welt erlebt haben, eher die Ausnahme als die Regel sein dürften.

Neokonservative wie Kristol und Kagan hatten weniger Zweifel, wie die Ereignisse, deren Zeugen sie gerade geworden waren, zu interpretieren seien. In ihrem Buch *Present Dangers* schrieben sie:
»Für viele hat die Vorstellung, dass Amerika seine Macht dazu nutze, Regimewechsel in diktatorisch beherrschten Ländern herbeizuführen, etwas Utopisches. Doch tatsächlich ist sie überaus realistisch. Es liegt etwas Verqueres darin, wenn man vor dem Hintergrund der Entwicklungen der letzten drei Jahrzehnte die Förderung eines demokratischen Wechsels im Ausland zu einer Unmöglichkeit erklärt. Nachdem wir bereits erlebt haben, wie Diktaturen

von demokratischen Kräften in so unwahrscheinlichen Fällen wie den Philippinen, Indonesien, Chile, Nicaragua, Paraguay, Taiwan und Südkorea von demokratischen Kräften gestürzt wurden, wie utopisch ist dann noch die Vorstellung eines Regimewechsels in einem Land wie dem Irak? Wie utopisch ist es, auf einen Sturz der Oligarchie der KP Chinas hinzuarbeiten, nachdem eine wesentlich mächtigere und vermutlich stabilere derartige Oligarchie in der Sowjetunion untergegangen ist? Nachdem sich in diesen vergangenen dreißig Jahren überall auf der Welt mit einer beispiellosen Geschwindigkeit ein demokratischer Wandel vollzogen hat, ist es dann noch ›realistisch‹, darauf zu beharren, dass keine weiteren Siege dieser Art errungen werden können?«[33]

Dieser Glaube an das unmittelbare Bevorstehen eines demokratischen Wandels stützte sich auf zwei Argumente. Das erste wies auf die kulturunabhängige Anziehungskraft der Demokratie und die ansteckende Wirkung der demokratischen Idee zum Ende des 20. Jahrhunderts hin. Das zweite setzte auf den zentralen Stellenwert der amerikanischen Macht und insbesondere auf die Annahme, dass die Außenpolitik Ronald Reagans wesentlich zum Zusammenbruch der ehemaligen Sowjetunion beigetragen habe.
Es steht außer Zweifel, dass in den späten achtziger und frühen neunziger Jahren des letzten Jahrhunderts eine ansteckende Welle demokratischer Begeisterung viele Teile der Welt ergriffen hat; wie anders lässt sich die Serie demokratischer Übergänge erklären, die sich in den frühen neunziger Jahren in Schwarzafrika vollzogen haben, in einer Region, die keine der strukturellen Voraussetzungen für eine erfolgreiche Demokratie aufweist? Doch eine Theorie des demokratischen Wandels, der sich aus einem breiten Prozess der Modernisierung entwickelt, wie ich sie

in *Das Ende der Geschichte* dargelegt habe, behauptet, dass eine Demokratisierung von Gesellschaften dann Rückschläge erleiden wird, wenn bestimmte strukturelle Bedingungen nicht erfüllt sind. Das erklärt, warum alle früheren Wellen einer Demokratisierung schließlich wieder abflauten und zurückgingen, und es gibt keinen Grund für die Annahme, dass dasselbe nicht auch mit der von Samuel Huntington so bezeichneten Dritten Welle der Demokratisierung passieren würde, die um die Mitte der siebziger Jahre eingesetzt hat. Die neuen Demokratien in Haiti, Kambodscha und Weißrussland konnten sich nicht konsolidieren; Moldawien und die Ukraine versanken in Korruption, und etablierte Demokratien in Venezuela, Bolivien, Ecuador und Peru erlebten Rückschläge, während die liberalisierenden Reformen in Argentinien 2001 von einer Wirtschaftskrise in Mitleidenschaft gezogen sind. Russland unter Präsident Wladimir Putin machte sich offenbar daran, viele liberale Reformen der Jelzin-Ära zurückzunehmen, während viele der demokratischen Experimente in Afrika sich als flüchtig erwiesen (am spektakulärsten in Simbabwe). Obwohl in vielen Ländern in den neunziger Jahren demokratische Wahlen abgehalten wurden, machten rechtsstaatliche Institutionen und die Einhaltung der Menschen- und Bürgerrechte weit weniger Fortschritte und erlitten in vielen Fällen schwere Rückschläge. Thomas Carothers, ein Spezialist auf dem Gebiet der Demokratieverbreitung, hat überzeugend dargelegt, dass die allgemein in den neunziger Jahren vertretene Ansicht unzutreffend sei, die meisten Länder der Erde befänden sich in unterschiedlichen Phasen eines Übergangs zur Demokratie; viele Teile der früheren kommunistischen Welt steckten vielmehr in einer semiautoritären Grauzone fest.[34]

Es gibt gegenwärtig keine Theorie, die erklären könnte, wie demokratische Wellen überhaupt in Gang kommen oder warum und wann sie kippen oder zurückgehen. Die demokratischen Revolutionen in Serbien, Georgien und in der Ukraine im frühen 21. Jahrhundert lassen vermuten, dass in der ehemaligen kommunistischen Welt noch immer eine beträchtliche Dynamik im Spiel ist. Es spricht gewiss nichts dagegen, optimistisch zu sein und die Möglichkeit von Wundern zuzulassen, aber es ist etwas ganz anderes, eine Außenpolitik auf die *Wahrscheinlichkeit* mehrerer demokratischer Übergänge in naher Zukunft zu gründen.

Das leninistische Element in der amerikanischen Außenpolitik, nämlich den Gang der Geschichte durch Interventionen zu beschleunigen, wurzelte in einer spezifischen Interpretation des Endes des Kalten Kriegs: dass dieser nämlich von der Reagan-Regierung durch den Ausbau des amerikanischen Militärs gewonnen worden sei. Diese Interpretation ist an sich fragwürdig. Katastrophal ist, Analogien zur Lage im Irak zu ziehen.

Es steht außer Frage, dass Reagans von Prinzipien geleiteter Antikommunismus den Menschen in Osteuropa, ja in Russland selbst Hoffnung gemacht hat, was auch der Grund dafür ist, dass Reagan in Ländern wie Polen immer noch ein Held ist. Es trifft ebenfalls zu, dass die amerikanische Hochrüstung mit dazu beitrug, die sowjetischen Führer davon zu überzeugen, dass es ihnen schwer fallen dürfte, noch weiterhin mit den USA zu konkurrieren. Doch ein so schwerwiegendes Ereignis wie der Zusammenbruch der ehemaligen UdSSR hat viele Ursachen, von denen einige tief in der Natur des Sowjetsystems verankert waren und andere eher zufällig wie der Tod Juri Andropows und der Aufstieg von Michail Gorbatschow. Konservative jeglicher Couleur neigen dazu, dem Wettrüsten ein übertriebenes Gewicht für den Zusammenbruch des Sowjetreichs beizumessen.[35] Wie auch immer, soweit die Militärpolitik der USA dabei eine Rolle gespielt hat, war sie eine Politik der Eindämmung und der Abschreckung und nicht des »Rollback«.

Daneben gab es eine psychologische Seite in der Reaktion vieler Neokonservativer auf das Ende des Kalten Kriegs. Während des Ost-West-Konfliktes waren sie es gewöhnt, meist nur eine kleine und häufig verachtete Minderheit zu sein. Auch wenn viele ihrer Ideen schließlich von der Reagan-Regierung in die Praxis umgesetzt wurden, änderte dies nichts daran, dass die entscheidenden Leute in der Außenpolitik – die Leute im Apparat des Außenministeriums, in den Geheimdiensten und im Pentagon sowie die unzähligen Berater und Wissenschaftler – sie weitgehend ignorierten. Die Neokonservativen waren ferner daran gewöhnt, dass die Europäer auf sie als moralistische Träumer herabsahen, als draufgängerische Cowboys oder Schlimmeres. Sie waren daran gewöhnt, sich nicht nach der herrschenden Meinung zu richten und auf Lösungen zuzugehen – wie das globale Doppel-Null-Abkommen oder den Abriss der Berliner Mauer –, die in den Augen aller anderen jenseits der Realität lagen.

Der unvermittelte Untergang des Kommunismus gab den vermeintlichen Träumern Recht und bestätigte ihr Selbstvertrauen beträchtlich, ein Selbstvertrauen, das die Wagenburgmentalität noch verstärkte, die für alle Minderheiten mit radikalen Ansichten charakteristisch ist. Nachdem sie sich im Jahr des 11. September auf einen kriegerischen Kurs festgelegt hatten, nahm das Misstrauen gegenüber jedermann überhand, der sich nicht auf eine solche Linie festlegen wollte. Die Kriegsbefürworter im Pentagon und um Vizepräsident Cheney beäugten selbst den Außenminister Powell wie auch große Teile des Geheimdienstes. Tribalismus herrscht in allen Bürokratien; während Bushs erster Amtszeit überstieg das Stammesbewusstsein innerhalb des Regierungsapparates jedoch alles Vorstellbare. Die Loyalität gegenüber der eigenen Clique triumphierte über das Bedürfnis nach einer offenen und aufgeschlossenen Diskussion. In diesem Lichte muss sich niemand darüber wundern, dass es keine realistischen Planungen für den Nachkriegsirak gab.

Zu einer großen politischen Führungsfigur gehört häufig, dass sie Selbstzweifel unterdrückt, sich nicht nach der herrschenden Meinung richtet und nur auf die innere Stimme hört. Sie hat ein starkes Ich. Das Problem dabei ist, dass auch der schlechte politische Führer auf dieselben Eigenschaften zurückgreift: Aus einer eisernen Entschlossenheit kann Starrsinnigkeit werden, die Bereitschaft, nicht auf die herrschende Meinung zu hören, kann zu einem Verlust an gesundem Menschenverstand führen; die innere Stimme ist manchmal trügerisch. Die Tatsache, dass die eigene Meinung sich unerwartet unter ganz besonderen, ungewöhnlichen Umständen als richtig erwiesen hat, bedeutet nicht unbedingt, dass man auch beim nächsten Mal richtig liegen wird. Sie hat jedoch oft zur Folge, dass man wahrscheinlich aus psychologischen Gründen nicht zugeben wird, dass man sich in späteren Fällen geirrt hat.

Nach dem Neokonservatismus

Die vier genannten Prinzipien wurden nicht nur von Neokonservativen, sondern auch von anderen wichtigen Gruppen auf dem gesamten Spektrum des politischen Lebens der Vereinigten Staaten geteilt. Das Prinzip einer auf demokratischen Grundregeln beruhenden und internationalistischen Außenpolitik wird von einem großen Teil der Demokratischen Partei vertreten; der Glaube an die moralischen Prinzipien der amerikanischen Macht und die Skepsis gegenüber internationalen Organisationen gehören auch zu den Grundüberzeugungen der Realisten; und der Pessimismus gegenüber ambitionierten Sozialprogrammen wird auch auf der konventionellen Rechten gepflegt. In ihrer Gesamtheit stellen sie jedoch einen eigenständigen außenpolitischen Ansatz dar.

Diese abstrakten Prinzipien wurden nach dem Ende des Kalten Kriegs in einer spezifischen Weise interpretiert, die zu einseitigen Urteilen führte. Nach dem Zusammenbruch des Kommunismus neigten die Neokonservativen dazu, das Ausmaß der Bedrohung, der sich die USA gegenübersahen, zu überschätzen. Während des Kalten Kriegs haben sie (meiner Meinung nach mit Recht) die von der Sowjetunion ausgehende Herausforderung nicht nur als eine militärische Bedrohung, sondern auch als etwas moralisch Böses angesehen. Selbst nach der Auflösung der UdSSR, als die Vereinigten Staaten als einzige Supermacht übrig blieben, sahen die Neokonservativen auch weiterhin überall auf der Erde gefährliche, aber unterschätzte Bedrohungen.[36] Manche sahen Ende der neunziger Jahre China als den neuen Großmachtrivalen. Die Bedrohung durch al-Qaida war natürlich durchaus real, und niemand brauchte neue Feinde für die USA zu erfinden. Doch die Gefahr des Terrorismus wurde mit der Bedrohung durch Schurkenstaaten, die vermeintlich über Massenvernichtungswaffen verfügen, in einer Weise vermischt, die man nur als apokalyptisch bezeichnen kann. Die Präventivkriegsdoktrin und die höhere Risikobereitschaft konnte nur noch der als vernünftig begreifen, der die aufgeblähten Bedrohungsszenarien für bare Münze nahm.

Die Neokonservativen waren wie die meisten Amerikaner davon überzeugt, dass amerikanische Macht zu moralischen Zwecken nutzbar gemacht werden kann. Dies entsprach der Geschichte der amerikanischen Republik, gegen Tyrannei und für die Verbreitung der Demokratie überall auf der Welt zu kämpfen. Doch aus dem Glauben an die Möglichkeit, Macht und Moral miteinander zu verbinden, wurde eine exorbitante Betonung der Rolle der Macht, speziell der militärischen Macht als ein Instrument zur Verwirklichung nationaler amerikanischer Ziele.

Die Entscheidung, Macht eher früher als später zu gebrauchen oder »Hard Power« stärker zu betonen als »Soft Power«, ist in der Regel eine Sache der vernünftigen Abwägung und keine Prinzipienfrage. Doch die Mitarbeiter in der Bush-Regierung sowie ihre Anhänger haben sich im Lauf ihrer politischen Karriere in der Außenpolitik lieber mit heißen militärischen Gefechten beschäftigt als mit dem Wiederaufbau nach einem bewaffneten Konflikt, eher mit dem Verteidigungsbudget als mit Entwicklungshilfe. Wie ein Sprichwort sagt: Wenn man nur einen Hammer hat, sehen alle Probleme wie Nägel aus.

Die übermäßig optimistischen Erwartungen hinsichtlich des Irak für die Zeit nach Saddam hatten zur Folge, dass versäumt wurde, die Sicherheitsbelange und die Erfordernisse eines Nation-Building zu durchdenken. Ein Regimewechsel wurde nicht als eine Sache der langsamen und sorgfältigen Errichtung von liberalen und demokratischen Institutionen begriffen, sondern einfach als die Aufgabe, sich des alten Regimes zu entledigen. Die Vorliebe für hochtechnologische militärische Macht als das vorrangige außenpolitische Instrument hält bis heute an: Der *Weekly Standard* hat sich gegen Rumsfeld gestellt und seinen Rücktritt gefordert, aber hauptsächlich, weil er nicht genügend Truppen im Irak eingesetzt habe, und nicht wegen der vielen anderen Dimensionen des Nation-Building, die von der US-Politik nicht ausreichend berücksichtigt worden sind.

Neokonservative teilen mit den Realisten eine skeptische Haltung gegenüber der Fähigkeit des Völkerrechts und internationaler Institutionen, gravierende Sicherheitsprobleme zu lösen. Doch die Geringschätzung der Meinungen der »internationalen Gemeinschaft«, verkörpert in den Vereinten Nationen, erweiterte sich zu einer Geringschätzung praktisch jeden Landes, das die politischen Schritte der Bush-Regierung nicht vorbehaltlos unterstützte. Während des Kalten Kriegs waren die Neokonservativen überzeugte Atlantiker, die behaupteten, die Sowjetunion stelle eine Bedrohung der westlichen – also amerikanischen und europäischen – Freiheit dar. In den neunziger Jahren erklärten die Neokonservativen wiederholt, sie seien für einen Multilateralismus, wenn daran Länder beteiligt seien, die Demokratien seien, sprich die NATO-Staaten. Doch als deutlich wurde, dass die NATO die Intervention im Irak nicht unterstützen würde, verloren die Neokonservativen jedes Interesse daran, das Problem über die NATO zu lösen. Als der Krieg begann, wurden die europäischen Verbündeten der USA zunehmend verteufelt, sie seien antiamerikanisch, antisemitisch oder irgendwie keine lupenreinen Demokratien. Multilateralismus wurde darauf reduziert, Hilfe nur von solchen Staaten anzunehmen, die diese zu den Bedingungen der USA leisteten: So entstand die »Koalition der Willigen«.

Die Skepsis gegenüber dem Völkerrecht und die Auseinandersetzung mit den Europäern über den Irakkrieg haben dazu geführt, dass die Neokonservativen praktisch nichts Innovatives oder Interessantes über neue Möglichkeiten für eine multilaterale Organisation zu sagen haben. Sie reiten lieber auf den Fehlern der Vereinten Nationen beim Skandal um das Projekt Öl für Lebensmittel herum, als darüber nachzudenken, wie man eine Organisation von Demokratien bilden könnte, die Anreize schafft, um die Regierung und Demokratie auf der Welt zu verbessern. In der Periode unmittelbar nach dem Zweiten Weltkrieg wurde die amerikanische Macht nicht einfach nur dazu gebraucht, die Sowjets von einer Aggression abzuschrecken, sondern auch um einen Wirrwarr neuer internationaler Organisationen und Abkommen zu schaffen, von den Bretton-Woods-Institutionen (Weltbank und Weltwährungsfond) bis zu den Vereinten Nationen, der NATO, dem Pazifikpakt (zwischen Australien, Neuseeland und den Vereinigten Staaten), dem GATT und anderen. Die Bush-Regierung und ihre neokonservativen Anhänger standen den bestehenden internationalen Initiativen wie dem Kyoto-Protokoll und dem Internationalen Gerichtshof sehr kritisch gegenüber, haben jedoch bis heute keine Alternativen vorgeschlagen, die das Vorgehen Amerikas in der Welt legitimieren und seine Effektivität erhöhen würden.

3. Bedrohung, Risiko und Präventivkrieg

Allgemeine Prinzipien der Außenpolitik legen nicht fest, wie hoch das Risiko sein darf, das die USA eingehen sollten, um ihre Ziele zu erreichen. Mit der Forderung nach einem Regimewechsel im Irak wählte die Bush-Regierung eine hoch riskante, im Erfolgsfall gewinnträchtige Strategie. Ob die Rechnung letztendlich aufgehen wird, steht noch dahin. Der Erfolg dieser Strategie hängt weitgehend davon ab, dass die von der Regierung getroffenen Annahmen und Einschätzungen wichtiger künftiger Entwicklungen auch tatsächlich eintreten. Bereits jetzt zeichnet sich allerdings ab, dass mehrere Einschätzungen von Beginn an als fragwürdig gelten müssen.

Das Bedrohungsszenario nach dem 11. September

Man hat immer wieder gehört, nach dem 11. September sei »nichts mehr gewesen, wie es vorher war«, womit man ausdrücken wollte, dass eine neue, überaus ernste Bedrohung entstanden sei, die völlig neuartige politische Antworten erforderlich mache. Das ist bis zu einem gewissen Punkt zweifellos zutreffend, und ein Indikator für die veränderte Lage war die Tatsache, dass die Bush-Regierung das amerikanische Volk dazu bewegen konnte, in den 18 Monaten nach den Anschlägen auf die Twin Towers und das Pentagon zwei Kriege zu unterstützen. Es ist jedoch wichtig, sich bestmögliche Klarheit darüber zu verschaffen, wie groß die Bedrohung wirklich war, denn diese Einschätzung bestimmt auch das Risiko, das die Vereinigten Staaten zur Abwehr neuer Gefahren eingehen sollten.

Der 11. September hat das Gefühl der Bedrohtheit in den USA verändert, weil er zwei Drohungen miteinander verbunden hat: ein radikaler Islamismus und Massenvernichtungswaffen. Beide Phänomene waren seit langem Problemfelder der US-Außenpolitik, das Erstere spätestens seit der Iranischen Revolution von 1979 und das Letztere seit dem Aufkommen des Atomzeitalters. Beide stellten bereits für sich allein die Außenpolitik der Vereinigten Staaten vor Probleme, doch zu einem einzigen Paket verbunden beschworen sie zum ersten Mal die Möglichkeit herauf, dass nukleare und biologische Waffen direkt gegen die USA eingesetzt werden könnten.

Die Möglichkeit, dass eine relativ kleine und schwache nichtstaatliche Organisation katastrophale Schäden anrichten könne, ist etwas absolut Neues in den internationalen Beziehungen und stellt uns vor eine beispiellose sicherheitspolitische Herausforderung. In den meisten früheren historischen Perioden lag die Fähigkeit, einer Gesellschaft schweren Schaden zuzufügen, allein in der Hand von Staaten. Das gesamte Gebäude der Theorie der internationalen Beziehungen ruht auf der Annahme, dass Staaten die einzigen Akteure von Bedeutung in der Weltpolitik seien. Wenn es möglich wird, dass katastrophale Zerstörungen auch von nichtstaatlichen Akteuren zugefügt werden können, dann verlieren viele der Begriffe, die in den vergangenen zwei Jahrhunderten die Sicherheits-

76

politik geformt haben – Mächtegleichgewicht, Abschreckung, Eindämmung und Ähnliches – ihre Bedeutung.

Die eigentliche Frage betrifft die Wahrscheinlichkeit, dass islamistische Terroristen tatsächlich einen nuklearen Sprengkopf, Pockenviren oder eine andere Waffe zur Massentötung in die Hände bekommen und sie auf dem Territorium der USA einsetzen. Leider gibt es keine Methode, die es uns erlaubte, das Ausmaß dieser Bedrohung genau abzuschätzen. Nach dem 11. September tat sich eine breite Kluft in den Wahrnehmungen zwischen Amerikanern und Europäern auf, welche Konsequenzen aus den Anschlägen zu ziehen seien. Viele Amerikaner waren davon überzeugt, dass sich ein solch zerstörerischer Terrorismus fortsetzen, vielleicht sogar steigern werde. Die Europäer neigten eher dazu, diese Anschläge auf das World Trade Center mit dem Terrorismus von Gruppen wie der IRA oder der baskischen ETA gleichzusetzen und sie entsprechend den eigenen Erfahrungen als vorübergehende Phänomene zu behandeln.[37]

Wir können die Möglichkeit eines weiteren Terroranschlags auf die Vereinigten Staaten nicht ausschließen. Es gibt jedoch Gründe für die Annahme, dass die Wahrscheinlichkeit eines zerstörerischen Terroranschlags gegen die Vereinigten Staaten seit dem 11. September deutlich abgenommen hat. Der Grund ist einfach der, dass vor diesem Datum weder die enormen nationalen Sicherheitsorgane der Vereinigten Staaten noch die Geheimdienste und Polizeikräfte anderer Länder diesem Problem eine besondere Beachtung geschenkt haben. Nach dem 11. September sollte sich das ändern: Auch wenn es einige Monate dauerte, bis dieser besondere Supertanker gewendet und auf einen neuen Kurs gesetzt wurde, konnten jetzt gewaltige Ressourcen zur Lösung des Problems mobilisiert werden.

Wie effektiv diese Ressourcen sind, hängt nunmehr davon ab, wie groß die politische Bedrohung ist. Denn klar ist: Wenn ein bedeutsamer Teil der etwa eine Milliarde zählenden Muslime auf der Erde dazu gebracht werden könnte, Selbstmordanschläge gegen die USA zu verüben, dann würde selbst dieser Sicherheitsapparat Schwierigkeiten haben, sich der Flut entgegenzustemmen. Wenn dagegen die wirklich gefährlichen Terroristen nur eine relativ kleine Menge darstellen, dann wird man das Problem wahrscheinlich in den Griff bekommen. Zu einem Teil beruht die Einschätzung der Bedrohung also auf einer Bewertung der politischen Dimension der Bedrohung durch radikale Islamisten.

Dabei müssen wir terminologisch genau sein. Es gibt wesentliche Unterschiede zwischen islamischen Fundamentalisten, Islamisten, radikalen Islamisten und gewöhnlichen Muslimen, Unterschiede, die in den Nachwehen des 11. September besonders bedeutsam wurden. Islamische Fundamentalisten handeln aus religiösen Motiven und streben danach, eine vorgestellte frühere und reinere Form der religiösen Praxis wiederzubeleben. Demgegenüber geht es den Islamisten eher um politische Ziele, und sie wollen die Religion auf die eine oder andere Weise in die Politik einbeziehen, wenn auch nicht unbedingt so, dass damit eine Ablehnung der Demokratie verbunden wäre. Die islamistische Partei für Gerechtigkeit und Entwicklung in der Türkei zum Beispiel wurde demokratisch gewählt und unterstützt den Eintritt der Türkei in die Europäische Union. Radikale Islamisten oder Dschihadisten wie Osama bin Laden dagegen betonen die Notwendigkeit von Gewalt bei der Verfolgung ihrer politischen Ziele. Im Folgenden werde ich diese spezielle Bewegung als Dschihadismus bezeichnen.

Wie ernst ist die Bedrohung durch Osama bin Laden

und die Dschihadisten seiner Couleur für den Westen und unsere Lebensweise in den Vereinigten Staaten? Ist dies eine fundamentale Bedrohung, das heißt eine Bedrohung, welche die Existenz der amerikanischen Regierungsform in so einem Ausmaß untergraben kann wie die Bedrohung, die etwa vom »Dritten Reich« für die Sowjetunion ausgegangen war? Manche glauben, wir ständen praktisch vor einem »Vierten Weltkrieg«, da wir von einem Feind angegriffen wurden, der potentiell ebenso gefährlich und mächtig ist wie die Feinde, denen wir in zwei Weltkriegen und im Kalten Krieg gegenüberstanden. Am deutlichsten hat dies Charles Krauthammer zu Protokoll gegeben:

»Säkularisten unterschätzen die Anziehungskraft des radikalen Islam. Der radikale Islam ist nicht nur ebenso fanatisch und unversöhnlich in seinem Antiamerikanismus, seiner Feindschaft gegen den Westen und seinem Antimodernismus wie alles andere, was wir bis jetzt kennen gelernt haben. Er hat darüber hinaus den deutlichen Vorteil, in einer ehrwürdigen Religion mit über einer Milliarde Anhängern verankert zu sein, die nicht nur für einen raschen und kontinuierlichen Nachwuchs sorgt – ausgebildet und vorbereitet in Moscheen und Medresen, weitaus effektiver, autonomer und verbreiteter als jedes Hitler-Jugend- oder Komsomolzenlager –, sondern ist auch in der Lage, von einer langen und tiefen Tradition der religiösen Begeisterung, messianischer Erwartung und einem Märtyrerkult zu profitieren. Hitler und Stalin mussten ihre Traditionen völlig neu erfinden. Der islamische Radikalismus segelt unter einer Flagge mit weit mehr historischer Tiefe und dauerhafter Anziehungskraft als die Ersatzreligionen des Hakenkreuzes und des Hammer-und-Sichel-Emblems.«[38]

Krauthammer behauptet mit anderen Worten, dass die politische Bedrohung, vor der wir stehen, islamisch, extrem unversöhnlich und antiwestlich ist und dass sie in den über eine Milliarde zählenden Muslimen der Welt fest verwurzelt ist.

Jede dieser Behauptungen ist anfechtbar, und in ihrer Gesamtheit übertreiben sie gewaltig die Bedrohung, vor der die Vereinigten Staaten nach dem 11. September stehen. Wir bekämpfen nicht die islamische Religion oder deren Anhänger, sondern eine radikale Ideologie, die auf eine bestimmte Minderheit unter den Muslimen anziehend wirkt. Diese Ideologie speist sich nicht nur aus islamischen, sondern zu einem guten Teil aus westlichen Ideen. Sie spricht dieselben entfremdeten Individuen an, die sich in früheren Generationen zum Kommunismus oder Faschismus hingezogen fühlten. Es gibt gute Gründe, sich der Meinung der französischen Islamexperten Gilles Kepel und Olivier Roy anzuschließen, dass der Dschihadismus als eine politische Bewegung längst gescheitert ist.[39] Die Anschläge vom 11. September und der Irakkrieg haben ihn neu belebt, doch die Fähigkeit der Dschihadisten, in irgendeinem Land die politische Macht an sich zu reißen, ist gering und von vielen im Westen überschätzt worden. Die terroristische Bedrohung ist real, aber über vereinzelte Anschläge in Westeuropa oder in muslimischen Ländern, vergleichbar den Bombenanschlägen in Casablanca, Bali, Madrid und London, werden die Dschihadisten kaum hinauskommen.

Olivier Roy hat brillant und überzeugend dargelegt, dass der heutige Dschihadismus nicht primär in kulturellen oder religiösen Begriffen verstanden werden kann.[40] Eine echte muslimische Religiosität war historisch immer in einer lokalen oder nationalen Kultur verankert, wo die universalistische religiöse Lehre durch ein Konglomerat lokaler Sitten, Bräuche, Heilige und dergleichen modifiziert und von den politischen Machthabern der Region unterstützt wurde. Der gegenwärtige Terrorismus kann sich nicht auf eine solche Religiosität stützen. Der Islamismus und seine radikalen dschihadistischen Abkömmlinge sind nach Roy das Produkt eines »entterritorialisierten« Islams, bei dem einzelne Muslime sich von authentischen lokalen Traditionen abgeschnitten finden, häufig als entwurzelte Minderheiten in nichtmuslimischen Ländern. Das erklärt, warum so viele Dschihadisten nicht aus dem Nahen Osten kommen, sondern (wie der Todespilot Mohamed Atta vom 11. September) in Westeuropa leben.

Der Dschihadismus ist demnach nicht der Versuch, eine echte frühere Form des Islam (und damit eine Form des Fundamentalismus) wiederherzustellen, sondern vielmehr ein Versuch, eine neue, universalistische Lehre zu schaffen, die eine Quelle der Identität im Kontext der modernen, globalisierten, multikulturellen Welt sein kann. Er ist ein Versuch, die Religion zu ideologisieren und sie für politische Zwecke einzuspannen, eher ein Produkt der Moderne (wie der Kommunismus und der Faschismus) als eine erneute Inanspruchnahme der traditionellen Religion oder Kultur. Die Historiker Ladan und Roya Boroumand haben behauptet, viele ihrer Ideen seien nicht islamischen, sondern westlichen Ursprungs. Wenn wir die Reihe der politischen Vordenker zurückgehen, die die Ideologie von al-Qaida geformt haben, wie Hassan al-Banna und Sayyid Qutb von der Muslimbruderschaft oder Maulana Mawdudi von der Bewegung Dschamaat-e-Islami in Pakistan oder Ayatollah Chomeini selbst, stößt man auf eine eigenartige synkretistische Lehre, die islamische Ideen mit westlichen Vorstellungen vermischt, die von der extremen Rechten und Linken des 20. Jahrhunderts in Europa stammen.[41] Begriffe wie »Revolution«, »Avantgarde«, »Staat« und die Ästhetisierung der Gewalt entstammen nicht dem

Islam, sondern dem Faschismus und dem Marxismus-Leninismus. Das Ziel des Dschihadismus ist ebenso ein politisches wie ein religiöses. Es ist demnach ein Irrtum, den Islamismus als einen authentischen und irgendwie unvermeidlichen Ausdruck muslimischer Religiosität aufzufassen, auch wenn er zweifellos die Macht hat, die religiöse Identität zu verstärken und religiösen Hass zu schüren.[42]

Die Folgerung aus dieser Beobachtung lautet, dass wir gegenwärtig in nichts verwickelt sind, das nach einem »Kampf der Kulturen« aussieht, sondern in etwas, das uns aus der Erfahrung des 20. Jahrhunderts wesentlich vertrauter sein müsste. Die gefährlichsten Menschen sind nicht fromme Muslime im Vorderen Orient, sondern entfremdete und entwurzelte junge Leute in Hamburg, London oder Amsterdam, die wie die Marxisten und Faschisten vor ihnen in einer Ideologie die Antwort auf ihre persönliche Suche nach Identität sehen. Die Bombenanschläge in Madrid vom 11. März 2004, die Ermordung des holländischen Filmemachers Theo van Gogh in Amsterdam am 2. November 2004 und die Bombenanschläge in London am 7. Juli 2005 von einer Gruppe britischer Staatsbürger pakistanischer Abstammung bringen dies allesamt zum Ausdruck.

Was bedeutet das für den Kampf, der uns bevorsteht? Die hauptsächlichen Schauplätze werden wahrscheinlich in Mitteleuropa und im Nahen Osten liegen. Die Vereinigten Staaten werden natürlich ebenso eines der Hauptziele für Terroranschläge sein, werden jedoch nicht in derselben Weise von innen durch ihre muslimischen Einwohner bedroht sein wie viele europäische Länder. Die Vereinigten Staaten und ihre Verbündeten werden auch weiterhin in Afghanistan und im Irak Krieg führen. Doch der Dschihadismus ist ein Abfallprodukt der Modernisierung und Globalisierung und nicht des Traditionalismus und wird deshalb ein Problem in modernen, globalisierten Gesellschaften sein.

Hinzu kommt, dass das Terrorismusproblem keine Folge eines Demokratiedefizits ist, wie es allenthalben in arabischen Staaten besteht. Die Terroristen von New York, Madrid und London lebten in modernen, demokratischen Gesellschaften, und gerade hier fühlten sie sich fremd. Die langfristige Lösung des Problems besteht nicht darin, uns gegenüber dem Nahen Osten abzuschotten oder ihn irgendwie »in Ordnung zu bringen«, sondern – was wesentlich komplizierter ist – Menschen besser zu integrieren, die sich bereits im Westen befinden, und zwar in einer Art und Weise, die nicht das Vertrauen und die Toleranz untergräbt, auf denen demokratische Gesellschaften sich gründen.

Schließlich dürfen wir auch die Komplexität des kulturellen Milieus nicht vergessen, innerhalb dessen der Dschihadismus entstanden ist. Plakative Theorien, die das Problem des Terrorismus einfach der Religion oder der Kultur zuschreiben, sind nicht nur falsch, sie verschlimmern tendenziell die Situation noch, weil sie die Risse nicht sichtbar machen, die in der Welt des Islam bestehen.

Im Zentrum des Terrors befindet sich ein harter innerer Kern nicht abzuschreckender Fanatiker, umgeben von mehreren konzentrischen Kreisen, die aus Sympathisanten, Trittbrettfahrern, Gleichgültigen und Unpolitischen sowie Personen bestehen, die unterschiedlich stark mit dem Westen sympathisieren. Die muslimische Welt ist mannigfaltig, ihr gehören Länder wie Mali, Senegal, die Türkei, Indonesien und Malaysia an, die einen gewissen Erfolg bei der Demokratisierung des politischen Systems oder der wirtschaftlichen Modernisierung aufzuweisen hatten. Vieles spricht dafür, dass eine sehr große Zahl von Muslimen in der Welt weder die Vereinigten Staaten noch die Modernisierung, die »Freiheit« (wie Präsident Bush sagen würde) oder andere Aspekte der westlichen Kultur hasst. Es dürfte außer Frage stehen, dass viele junge Iraner, die unter der dortigen islamischen Diktatur aufgewachsen sind, für diese nichts übrig haben und lieber in einer offenen, modernen, westlichen Gesellschaft leben würden. Eine vom Entwicklungsprogramm der UN durchgeführte Meinungsumfrage in der arabischen Welt ergab starke Mehrheiten in praktisch allen arabischen Staaten, deren Angehörige angaben, sie würden gern in ein westliches Land gehen, wenn sie die Möglichkeit dazu hätten.[43] Das lässt uns vermuten, dass sie die westliche Kultur nicht in Bausch und Bogen verdammen; häufig kommt es erst später zu einer Radikalisierung, in der zweiten oder dritten Generation von Immigranten, denen es nicht gelungen ist, sich zu integrieren.

Wir sollten auf jeden Fall die technischen von den politischen Aspekten der Bedrohung trennen. Wenn wir es mit einer relativ kleinen Zahl von Fanatikern zu tun haben, die sich hinter einer großen Gruppe von Sympathisanten verstecken, dann nimmt der Konflikt die Form eines globalen Aufstandsbekämpfungskrieges (Counterinsurgency) an. Dann ist eine ausschließlich militärische Antwort auf die Herausforderung unzweckmäßig, da solche Kriege zutiefst politisch sind und ihr Erfolg davon abhängt, von Anfang an die Herzen und Köpfe der Menschen zu gewinnen. Die Ergebnisse von Meinungsumfragen zeigen, dass die Mehrheit der Muslime nicht die Vereinigten Staaten oder die westlichen Länder als solche ablehnt, sondern die amerikanische Außenpolitik. Sie sind der Meinung, die USA unterstützten Israel einseitig gegen die Palästinenser und arabische Diktatoren wie Ägyptens Mubarak oder die saudische Herrscherfamilie auf Kosten der Demokratie. Das ist eine Botschaft, die viele Amerikaner und insbesondere viele Neokonservative nicht hören wollten. Barry Rubin oder Max Boot haben behauptet, wenn die Araber sagten, ihnen liege das Los der Palästinenser am Herzen, so meinten sie das nicht ehrlich; die Kritik an Israel oder an der amerikanischen Unterstützung Israels sei eine Verschiebung ihrer Unzufriedenheit mit ihren eigenen politischen Systemen, die sie nicht direkt angreifen könnten.[44]

Die Behauptung, dass die arabischen Regimes die Palästinafrage zynisch als ein Mittel benutzten, um sich selbst zu legitimieren und die Aufmerksamkeit von ihrem eigenen Versagen abzulenken, ist nicht ganz aus der Luft gegriffen. Und es trifft auch zu, dass die amerikanischen Friedensbemühungen im Nahen Osten ohne Wirkung bei al-Qaida und den Dschihadisten blieben, die die Anschläge vom 11. September planten, obwohl die Friedensverhandlungen in Oslo während der Präsidentschaft Clintons in vollem Gang waren. Doch der schwelende Groll gegen die Vereinigten Staaten in der arabischen Welt wegen Palästina führt den fanatischen Terroristen Sympathisanten, Informanten und neue Anhänger zu. (Das soll nicht heißen, dass die USA Israel fallen lassen sollten, um die Araber zu beschwichtigen; aber sie sollten einsehen, dass ihre Unterstützung ihren Preis hat.) Wenn die Araber sagen, sie hätten nichts gegen die Amerikaner, wohl aber gegen ihre Außenpolitik, dann wäre es nicht nur klug, sondern auch ein minimales Zeichen des Respekts, sie beim Wort zu nehmen, statt sie auf die Couch des Analytikers zu legen und ihnen zu erklären, sie könnten das unmöglich ernst meinen, was sie da sagten.

Langfristig werden die Islamisten von heute möglicherweise das Fundament für die kommende Modernisierung und Transformation der islamischen religiösen Praxis legen. Olivier Roy verweist auf einige Parallelen zwischen dem Islamismus und der Frühphase der protestantischen

Reformation. Sowohl die Islamisten als auch die frühen Protestanten entwurzelten die Religion aus ihrer politisch-kulturellen Tradition. An die Stelle dieser Tradition setzten sie eine reinere, universalistischere Form der Religion, in der das persönliche Engagement im Zentrum steht. Damit ist der Grundstein für den modernen Individualismus gelegt – die religiöse Identität wird zu einer gewählten Lebensform anstelle einer zugeschriebenen sozialen Kategorie. Im Westen hört man immer wieder das Bedauern darüber, dass bislang kein muslimischer Luther aufgetreten sei. Dabei wird leicht übersehen, dass der historische Luther keinen Pluralismus und Liberalismus predigte, sondern eine Welle des religiösen Fanatismus entfesselte, der sich in höchst intoleranten Formen niederschlug, wie sie im Genf Calvins zu beobachten waren. Erst nachdem er die bestehenden Verbindungen zwischen traditioneller Religion und politischer Macht durchtrennt hatte und selbst Macht in einem pluralistischen politischen Raum ausübte, legte der Protestantismus das Fundament für die neuzeitliche säkulare Politik und die Trennung von Kirche und Staat. In Europa nahm dieser Prozess mehrere Jahrhunderte in Anspruch; wir können nur hoffen, dass die Muslime von heute weniger Zeit dafür benötigen.

Zu guter Letzt bleibt eine ganze Reihe von großen Unbekannten wie die Zahl des harten Kerns der Dschihadisten, die Quellen eines künftigen Nachschubs an neuen Anhängern, der Verlauf der Grenzen zwischen den konzentrischen Ringen potentieller Anhänger und das Verhältnis von Zuckerbrot und Peitsche, das nötig werden wird, um die potentiellen Anhänger vom innersten Kern zu trennen. Die Bush-Regierung gelangte zu der Einschätzung, die angemessene Reaktion müsse eher in der Peitsche als im Zuckerbrot bestehen, und sie unterstellte eine starke Verbindung zwischen der neuen Generation von Dschihadisten und den alten arabischen Nationalisten wie Saddam Hussein. Diese Einschätzungen wurden im Vorfeld und in den Nachwehen des Irakkriegs endlos wiederholt.

War der Irakkrieg notwendig?

Die Bush-Regierung stützte sich bei ihrer Begründung des geplanten Irakkriegs auf drei Argumente: erstens die »Tatsache«, dass der Irak Massenvernichtungswaffen besitze und im Begriff stehe, weitere solche Waffen zu produzieren; zweitens, dass der Irak mit al-Qaida und anderen Terrororganisationen in Verbindung stehe; und drittens, dass das Regime eine despotische Diktatur sei und dass das irakische Volk es verdiene, von Saddam Husseins Tyrannei befreit zu werden. Dieser Katalog von Argumenten war erkennbar beeinflusst von den Anschlägen des 11. September und der neuen Dynamik, die sie in der amerikanischen Politik in Gang gesetzt hatten: Mit der Behauptung, die irakischen Massenvernichtungswaffen könnten in die Hände von Terroristen fallen, versuchte die Regierung, Unterstützung für eine Militäraktion zu gewinnen, da sie suggerierte, der Irak könne die Amerikaner in ihrem eigenen Land unmittelbar bedrohen. Nach dem Krieg fiel der Regierung diese Argumentation auf die eigenen Füße, als im Irak keine Massenvernichtungswaffen gefunden wurden und massive Zweifel im Hinblick auf die Verbindungen zwischen Saddam Hussein und al-Qaida erhoben wurden. Die amerikanische Regierung wich deshalb auf das noch verbleibende Argument der Verbreitung von Demokratie und Menschenrechten als hauptsächliche Rechtfertigung für den Krieg zurück.

Es gab jedoch noch andere, weniger Panik schürende, aber überzeugende Gründe für den Krieg, die die US-Regierung hätte anführen können und deren Anführung ihr eine bessere politische Position nach dem Krieg verschafft hätte. Der erste und wichtigste war sicherlich die humanitäre wie finanzielle Unhaltbarkeit des Sanktionsregimes gegen den Irak. Die Durchsetzung von Flugverbotszonen über dem Irak erforderte zudem eine ständige militärische Präsenz der USA in Saudi-Arabien – genau jene US-Militärpräsenz im Land der heiligen islamischen Stätten war für Osama bin Laden ein stärkeres Motiv als die amerikanische Unterstützung Israels oder anderer arabischer Regimes.

Der Irak und seine Sympathisanten überall in der arabischen Welt fanden ein offenes Ohr vor dem Krieg, als sie behaupteten, die UN-Sanktionen seien verantwortlich für den Tod irakischer Kinder und müssten aus moralischen Gründen wieder aufgehoben werden. Nach dem Krieg enthüllte der Skandal im Zusammenhang mit dem Projekt »Öl für Nahrungsmittel«, dass in Wirklichkeit Saddam Hussein und seine internationalen Partner dafür gesorgt hatten, dass das Geld, das für die irakischen Kinder bestimmt war, in ihre eigenen Taschen floss, doch vor dem Krieg war es unmöglich, jemanden von diesem Sachverhalt zu überzeugen. Der US-Regierung erschien es unvermeidlich, dass die Durchsetzung der Sanktionen von Jahr zu Jahr ineffektiver sein und dass es bald für das Programm der Herstellung von Massenvernichtungswaffen im Irak keine Schranken mehr geben würde.

Die Bush-Regierung hätte eine seriöse, aber wesentlich weniger prätentiöse Begründung dafür angeben können, dass irakische Kernwaffen die US-Interessen verletzen würden. In den neunziger Jahren war klar, dass das globale System zur Nichtweiterverbreitung von Kernwaffen, das in den ersten 40 Jahren nach Hiroshima die Zahl der Staaten mit Kernwaffen unter zehn halten konnte, zusammenbrach. Dem indischen Kernwaffentest folgte der pakistanische, was wiederum neue Bemühungen Irans und Nordkoreas anstachelte – die beiden anderen Mitglieder der »Achse des Bösen« –, ihre Kernwaffenprogramme zu beschleunigen. Der Golfkrieg von 1991 wirkte auch als Anreiz, ein Mittel gegen die überwältigende konventionelle militärische Überlegenheit der Vereinigten Staaten zu finden. Der Iran und Nordkorea erhielten sogar unmittelbar Unterstützung für ihre Nuklearprogramme von A. Q. Khan, dem Vater der pakistanischen Bombe. Der irakische Besitz einer Kernwaffe hätte den Iran in seinem Streben bestärkt, auch eine solche zu besitzen, und neue Programme in Ägypten und Saudi-Arabien ausgelöst. Wenn alle Länder des Nahen Ostens über Kernwaffen verfügten, würde zu einer der instabilsten Regionen der Erde ein enormes Gefahrenpotential hinzukommen. Zudem könnte ein Irak im Besitz von Kernwaffen die Vereinigten Staaten von einer Intervention abschrecken, falls er beschließen sollte, ein zweites Mal in Kuwait einzumarschieren.

Theoretiker internationaler Beziehungen reden oft über »globale kollektive Güter« – die Verhinderung eines mit Kernwaffen hochgerüsteten Nahen Ostens wäre ein solches Gut. Nicht nur die Vereinigten Staaten hätten davon ihren Nutzen, sondern auch die Bewohner der Region, die Europäer in der Nachbarschaft und Menschen in anderen Weltregionen, wo die Regierungen einzelner Länder nur darauf warten, ebenfalls in den Besitz von Kernwaffen zu gelangen.

Die Bush-Regierung entschied sich, als Begründung für ihren Einmarsch in den Irak nicht das »globale kollektive Gut« anzuführen, sondern zog es vor, die unmittelbare

Bedrohung in den Vordergrund zu stellen, die der Irak für das amerikanische Territorium darstelle. Der 11. September bot eine neue und unerwartete Gelegenheit, das amerikanische Volk von der Notwendigkeit zu überzeugen, gegen den Irak militärisch vorzugehen. Der Opportunismus, der hinter dieser Begründung steckt, schadete der Regierung nach dem Krieg, als die Unglaubwürdigkeit einer unmittelbaren Bedrohung sichtbar wurde, und nährte Spekulationen bei denjenigen, die ohnehin davon überzeugt waren, dass das eigentliche Motiv das Öl oder Israel gewesen sei.

Die Nationale Sicherheitsstrategie der Vereinigten Staaten

Nichts an der Außenpolitik der Bush-Regierung ist umstrittener als die Doktrin der Prävention, die der Präsident erstmals in West Point im Juni 2002 dargelegt hat und die im September desselben Jahres als *The National Security Strategy of the United States* (NSS) veröffentlicht wurde.[45] Das Dokument ist auf den ersten Blick nicht sonderlich außergewöhnlich. Es wiederholt viele der Standardziele der amerikanischen Außenpolitik wie die Förderung freier demokratischer Regierungen auf der Welt und ein globales Freihandelssystem. Seine bemerkenswerteste Neuerung bestand in der Feststellung, dass gegen nichtstaatliche Terroristen, die über Massenvernichtungswaffen verfügen, mit den herkömmlichen Instrumenten der Eindämmung und Abschreckung nichts auszurichten sei. So heißt es in dem Text: »Die größte Gefahr, vor der unsere Nation steht, droht von der Verbindung zwischen Radikalismus und

Technik. Unsere Feinde haben offen erklärt, dass sie danach streben, Massenvernichtungswaffen zu beschaffen, und es spricht vieles dafür, dass sie ihr Ziel mit Entschlossenheit verfolgen. Die Vereinigten Staaten werden nicht zulassen, dass dieses Vorhaben gelingt [...] Und die menschliche Vernunft und das Interesse der Selbstverteidigung gebieten es, dass Amerika gegen diese Bedrohungen einschreitet, noch bevor sie sich voll entwickelt haben.«[46] Des Weiteren heißt es in dem Strategiepapier, die Vereinigten Staaten zögen es vor, nach Möglichkeit mit traditionellen Bündnissen und internationalen Institutionen zusammenzuarbeiten; wenn sie jedoch keine internationale Zustimmung zu ihrer Verteidigung gegen einen potentiell vernichtenden Terrorismus finden könnten, dann seien sie gezwungen, ihre Zuflucht zu »Koalitionen der Willigen« zu nehmen.

Weder ein Präventivkrieg noch Alleingänge waren ein neues Merkmal der amerikanischen Außenpolitik. John Lewis Gaddis hat gezeigt, dass die amerikanischen Regierungen bereits seit dem frühen 19. Jahrhundert präventive und häufig einseitige Maßnahmen ergriffen haben und dass solche auch während des Kalten Kriegs mehrfach eingehend diskutiert wurden.[47] Die Eisenhower-Regierung erörterte in den frühen fünfziger Jahren eine präventive »Rollback-Strategie«, und die Kennedy-Regierung erwog einen Präventivschlag gegen die sowjetischen Mittelstreckenraketen, die auf Kuba stationiert waren und die Kubakrise ausgelöst hatten.

Das Revolutionäre an der NSS war die Erweiterung traditioneller Vorstellungen von einem Präventivkrieg im engeren Sinne *(preemptive war)* um einen Präventivkrieg im weiteren Sinne *(preventive war)*. Der Erstere ist ein Krieg zur Abwehr eines unmittelbar bevorstehenden militärischen Angriffs; der Letztere ist eine Militäroperation, mit der einem drohenden Angriff begegnet werden soll, mit dem frühestens in einigen Monaten oder gar Jahren gerechnet wird. Die Bush-Regierung machte geltend, angesichts von Terroristen, die möglicherweise im Besitz von Kernwaffen seien oder in ihn kommen könnten, sei diese Unterscheidung überholt.[48] Für die USA werde immer wieder die Notwendigkeit bestehen, in die inneren Verhältnisse von Staaten einzugreifen und politische Bedingungen zu schaffen, die terroristischen Anschlägen vorbeugen. Die US-Regierung verwarf damit Grundprinzipien des Westfälischen Friedens – die Achtung staatlicher Souveränität und Zusammenarbeit mit bestehenden Regierungen. Sie akzeptierte stillschweigend sowohl die neokonservative Prämisse, dass die Außenpolitik von der jeweiligen Regierungsform abhänge, als auch deren Forderungen nach humanitären Interventionen der USA aus den neunziger Jahren.

Die Ansicht, dass Staaten unmittelbaren Bedrohungen legitimerweise präventiv begegnen dürfen, wird sogar vom »Highlevel Panel« der UN gestützt.[49] Wenn ein Land vor einer zerstörerischen Bedrohung steht, die von einem nichtstaatlichen Akteur oder einem verbrecherischen Staat ausgeht, und wenn es keine Aussicht gibt, von den bestehenden internationalen Institutionen Hilfe zu erlangen, kann man der Auffassung kaum widersprechen, dass er die Dinge selbst in die Hand nehmen und Präventivmaßnahmen ergreifen kann, um die Drohung auszuschalten.

Die konkrete Erfahrung des Irakkriegs allerdings zeigt, dass die Unterscheidung zwischen einem Präventivkrieg im engeren und einem solchen Krieg im weiteren Sinne noch immer wesentlich ist. Wir leben nicht in einer Welt, in der Schurkenstaaten Terroristen regelmäßig mit Massenvernichtungswaffen versorgen; eine solche Welt mag eines Tages entstehen, doch ein Vorgehen, als existierte sie bereits, zwingt uns zu einigen extrem kostspieligen Entscheidungen. Selbst unter den Bedingungen nach dem 11. September lässt sich ein Präventivkrieg im weiteren Sinne wesentlich schwieriger mit Vernunft- und moralischen Gründen rechtfertigen.

Es gibt sicherlich historische Beispiele, in denen ein Präventivkrieg im weiteren Sinne der Welt vermutlich viel Elend erspart hätte. Der klassische und von vielen angeführte Fall war Hitlers Remilitarisierung des Rheinlands 1936, eine klare Verletzung der Verpflichtungen, die Deutschland nach dem Ersten Weltkrieg eingegangen war, unternommen zu einem Zeitpunkt, als Großbritannien und Frankreich gemeinsam Deutschland militärisch weit überlegen waren. Die beiden Westmächte ließen Deutschland gewähren und so weit aufrüsten, dass es in Polen einmarschieren und Frankreich besiegen konnte.

Die Zerstörung des irakischen Kernreaktors Osirak im Jahr 1981 durch israelische Kampfflugzeuge wurde allgemein als ein erfolgreiches Beispiel für einen Präventivkrieg im weiteren Sinne angesehen, da auf diese Weise das irakische Programm zur Produktion von Kernwaffen um einige Jahre zurückgeworfen wurde und Saddam Hussein bei seiner Invasion in Kuwait zehn Jahre später keine Atombombe hatte.

Einer der Gründe, warum ein Präventivkrieg im weiteren Sinne unter Vernunftaspekten schon immer als problematisch galt, liegt darin, dass diejenigen, die ihn führen, in der Lage sein müssen, die Zukunft genau vorherzusagen. Wir wissen im Nachhinein, was die Menschen 1936 nicht in seinem ganzen Ausmaß erkannt haben: dass Hitler anschließend die Tschechoslowakei zerschlug und einen Krieg gegen Polen plante. Vielleicht hätten sie es wissen müssen und waren sträflich naiv, doch ein solches Urteil kann man in der Rückschau leichter fällen. Der britische

Premierminister Anthony Eden glaubte 1956, man befinde sich in einer ähnlichen Situation wie 1936 gegenüber Hitler, als er den Suezkrieg begann, konnte jedoch nicht vorhersehen, dass Nasser letztlich nicht dieselbe Bedrohung darstellte wie damals der deutsche Diktator.[50] Ken Jowitt hat das Problem so formuliert:»Die Logik hinter einer antizipatorischen Strategie ist überzeugend. Doch ihre strategische Anwendung erfordert die vereinte Weisheit eines Perikles und eines Solon. [...] Eine antizipatorische Strategie ist außerdem auf amerikanische Regierungen mit einem Präsidenten angewiesen, der über eine unfehlbare Fähigkeit verfügt festzustellen, welche Führer und Regimes gegenüber äußeren Veränderungen unempfindlich sind. Jeder Irrtum dabei würde nicht in einen Krieg münden, der vermeidbar gewesen wäre.«[51] Es gibt Leute, die behaupten, wenn es uns an salomonischer Weisheit fehle, liege das an unseren schlechten Geheimdiensten. Bessere Informationen über die Zukunftspläne unserer Feinde wären sicher eine schöne Sache, aber es wäre töricht anzunehmen, eine bessere finanzielle Ausstattung oder eine Reorganisation der Geheimdienste würde zu wesentlich genaueren Prognosen über die Zukunft führen.

Wie Roberta Wohlstetter vor vielen Jahren gezeigt hat, liegt das Problem mit den Geheimdiensten nicht in unzureichender Information, sondern im so genannten Signal-Rausch-Verhältnis dieser Information.[52] Die meisten vorgeschlagenen Reformen für die verschiedenen Geheimdienste würden den Umfang der Signale und des Rauschens erhöhen, statt das Verhältnis als solches zu verbessern. Die Fähigkeit, Signale auszusondern, wird auch weiterhin von kognitiven Faktoren abhängen, die fehleranfällig sind. Die Geheimdienste hatten gute Gründe, die Bedrohung der USA durch den Irak und seine Massenvernichtungswaffen im Jahr 2003 zu überschätzen, da sie die Bedrohung 1991 unterschätzt hatten und nicht noch einmal die Dummen sein wollten. Es gibt kein Ensemble von Geheimdienstreformen, das dieses Problem beseitigen oder uns exakte Zukunftsprognosen erlauben würde.

Angesichts dieser Ungewissheiten ist leicht einzusehen, warum ein Präventivkrieg im weiteren Sinne nur selten als Instrument staatlicher Macht genutzt wurde. Offensichtlich ist ein Präventivkrieg um so eher zu rechtfertigen, je näher die Bedrohung bevorsteht; ein Kernwaffenprogramm kurz vor einem Test oder die Produktion von Kernwaffen rechtfertigen einen Präventivschlag eher als ein solches Programm, das sich noch in der Planung befindet. Wenn wir Beweise dafür hätten, dass Staaten Terroristen mit Nuklearwaffen Zuflucht gewährten, dann wäre die Unterscheidung zwischen den beiden Formen eines Präventivkriegs tatsächlich gegenstandslos. Präventive Militärschläge müssten beispielsweise erörtert werden, wenn Pakistan mit seinen Kernwaffen in ein Chaos gestürzt oder zu einem zukünftigen Zeitpunkt von radikalen Islamisten übernommen würde. Ein solcher Krieg kann somit als ein Bestandteil einer amerikanischen Strategie nicht prinzipiell ausgeschlossen werden. Ihn jedoch zu einem zentralen Element zu machen, ist mit enormen Risiken und Kosten verbunden.

Das zweite Problem mit dem Strategiepapier der Bush-Regierung bestand darin, dass sie nicht unterschieden hat zwischen einem Präventivkrieg, um einem Terrorismus mit Massenvernichtungswaffen zuvorzukommen, und einem Präventivkrieg als Mittel, die Weiterverbreitung von Kernwaffen durch Schurkenstaaten zu verhindern. Wie oben bereits gesagt, ist der Erwerb von Kernwaffen durch Schurkenstaaten ein sehr ernstes Problem, auf das die internationale Gemeinschaft eine zwingende Antwort geben muss, aber es ist von einer wesentlich geringeren

Größe als die Möglichkeit, dass ein Schurkenstaat eine Atombombe an eine terroristische Organisation weitergibt, damit diese sie gegen die Vereinigten Staaten einsetzen kann. Vor dem Krieg wurde behauptet, der Irak sei möglicherweise bereit, seine Kernwaffen Terroristengruppen unentgeltlich oder gegen Bezahlung zu überlassen. Diejenigen, die eine solche Behauptung aufstellten, brachten hierfür zwei Argumente vor. Das erste war, dass der Irak bereits 1993 Terroristen bei dem Versuch unterstützt habe, das World Trade Center mittels einer Bombe auf einem Lkw in die Luft zu sprengen, und dass Saddam anschließend Verbindungen zu Al Qaida unterhalten habe. Dem zweiten Argument zufolge, das Kenneth Pollack in einem viel beachteten, vor dem Krieg erschienenen Buch vorgetragen hatte, war Saddam Hussein kein rationaler Akteur und konnte deshalb nicht abgeschreckt werden.[53]

Das Argument, dass es Verbindungen zwischen Saddam und Al Qaida gegeben habe, wurde vor dem Krieg innerhalb der Geheimdienste ausgiebig und später in der Öffentlichkeit noch intensiver diskutiert. Zwar gab es vereinzelte Hinweise, dass hinter dem Anschlag von 1993 der irakische Geheimdienst gesteckt habe, doch die Verbindung konnte nicht endgültig nachgewiesen werden, auch nicht bei späteren Kontakten wie dem angeblichen Treffen zwischen einem der Flugzeugentführer vom 11. September, Mohammed Atta, und einem irakischen Geheimagenten in Prag. Die bloße Existenz von Kontakten beweist natürlich noch nicht, dass es eine substantielle Zusammenarbeit zwischen dem Irak und Al Qaida gab, und noch weniger, dass der Irak die Anschläge vom 11. September geplant hätte oder Massenvernichtungswaffen an Al Qaida liefern wollte. Die Bush-Regierung erklärte schließlich sogar selbst offiziell, dass es keine Beweise für eine Verbindung zwischen dem Irak und den Anschlägen vom 11. September gebe.

Die wichtigere Frage lautet, ob Saddam Hussein tatsächlich so irrational handelte, wie Pollack behauptet hat. Nun sind Rationalität und Irrationalität keine sich gegenseitig ausschließenden Zustände, so dass ein Mann entweder rational und abzuschrecken oder irrational und nicht abzuschrecken ist. Das von Saddam bekannte Verhalten, wie Pollack es schildert, zeigt ihn als einen Menschen, der sowohl Risiken eingeht als auch ein schlechtes Urteilsvermögen hat. Doch Saddam Hussein war keiner, der dazu geneigt hätte, die Rolle eines Selbstmordpiloten einzunehmen und das Risiko einer nuklearen Vergeltung für einen Angriff auf Amerika einzugehen, noch erscheint es plausibel, dass er die ganze Mühe auf sich genommen hätte, eine Atombombe zu bauen, nur um sie dann einer Gruppe von Terroristen zu übergeben, die er nicht kontrollieren konnte.

Wenn die Weitergabe von Kernwaffen durch den Irak an selbstmörderische Terroristen demnach unplausibel war, hätte sich die eigentliche Debatte um den Nutzen eines Präventivkriegs drehen müssen, mit dem ein Schurkenstaat, der jedoch letztlich nicht das Risiko eines nuklearen Vergeltungsschlags eingehen würde, daran gehindert würde, Kernwaffen zu produzieren. Dieser Punkt war eine überaus ernste Angelegenheit, doch es hätte weniger auf dem Spiel gestanden, und die Schwelle für eine Intervention wäre infolgedessen höher gewesen. Überhaupt lautet die umfassendere Frage, die man damals hätte stellen müssen und die jetzt diskutiert werden müsste, ob ein Präventivkrieg eines der Hauptinstrumente zur Verhinderung der Weiterverbreitung von Kernwaffen sein sollte, nachdem inzwischen die Beschränkungen des Kernwaffensperrvertrags gegenstandslos geworden sind. Es gibt mehrere Gründe, warum ein Präventivkrieg auch hier keine Option ist.

Erstens ist es im Lauf der Zeit immer schwieriger geworden, auf der operativen Ebene Nuklearprogramme frühzeitig präventiv zu zerstören. Gerade der Erfolg des israelischen Schlags gegen den irakischen Atomreaktor hat bedeutet, dass ein ähnlicher Schlag in der Zukunft wesentlich schwieriger würde, da die Staaten, die Kernwaffen weiterverbreiteten, ihre Produktionsanlagen unter die Erde verlegt, massiv verstärkt oder dezentralisiert haben. Das jämmerliche Versagen der US-Geheimdienste, das Potential zur Produktion von Massenvernichtungsmitteln im Irak genau zu ermitteln, und ihre Unfähigkeit, herauszufinden, ob die gegenwärtigen Behauptungen Nordkoreas, über eine Atombombe zu verfügen, der Wahrheit entsprechen, verweisen auf den unsicheren Grund, auf dem sich die Präventivschlagdoktrin bewegt.[54]

Das zweite Problem liegt darin, dass ein Präventivschlag oder die Androhung eines solchen zwar tatsächlich ein Regime von einer Weiterverbreitung von Kernwaffen abhalten kann (wie dies möglicherweise in Libyen der Fall war), in anderen Fällen jedoch gerade zu einem Anreiz werden kann, Kernwaffen weiterzuverbreiten. Offenbar sind weder Nordkorea noch der Iran zu dem Schluss gelangt, sie müssten als Folge des Irakkriegs ihre Kernwaffenprogramme aufgeben und abrüsten; Pjöngjang hat sogar allem Anschein nach sein Programm in der Annahme beschleunigt, dass der Besitz einer Kernwaffe ein wirksames Mittel wäre, die USA von einem Angriff abzuschrecken. Jedenfalls kann ein Präventivkrieg eine Weiterverbreitung von Kernwaffen höchstens verzögern, aber nicht völlig verhindern.

Zum dritten müssen die Vereinigten Staaten, wenn sie nicht nur Präzisionsschläge aus der Luft führen wollen, in der Lage sein, ihre Politik des Regimewechsels erfolgreich zu gestalten. Die amerikanische Erfahrung im Irak hat jedoch vermutlich jenen flotten Sprüchen ein Ende gemacht, die man vor dem Krieg hören konnte: Falls Pakistan – ein Land mit der achtfachen Bevölkerung des Irak – von radikalen Islamisten übernommen werde, sollten die USA es doch einfach »schlucken«.

Zum vierten und letzten muss der Wert der Atempause, die man durch einen militärischen Schlag gewinnt, gegen den politischen Schaden abgewogen werden. Dieses Dilemma zeigt sich heute am Beispiel des Iran: Ein großer Teil der iranischen Bevölkerung steht dem Regime der Mullahs in Teheran ablehnend gegenüber und ist den Vereinigten Staaten wohl gesonnen. Zumindest ein bestimmter Teil dieser Opposition ist jedoch gleichzeitig nationalistisch und wäre vielleicht für den nationalen Besitz von Kernwaffen in den Händen einer demokratischeren Regierung. Ein amerikanischer Militärschlag gegen iranische Produktionsanlagen würde sie wahrscheinlich desavouieren und jede Aussicht auf eine Reform von innen auf absehbare Zeit zunichte machen.

War das Risiko gerechtfertigt?

Jede außenpolitische Entscheidung, auch wenn sie bedeutet, dass man gar nichts tut und den Status quo bewahrt, ist mit Risiken verbunden. Wenn man die amerikanische Außenpolitik in der Zeit nach dem 11. September richtig beurteilen will, sollte man nicht fragen, ob sie Risiken eingegangen ist, sondern ob die eingegangenen Risiken sich in vernünftiger Weise auf Informationen gestützt haben, die zum Zeitpunkt der betreffenden Entscheidung verfügbar waren. Wie bereits oben bemerkt, sagen uns die neokonservativen Prinzipien für sich allein genommen nicht viel darüber, was ein angemessenes Risiko in der Außenpolitik ausmacht; hier geht es allein um ein wohlüberlegtes und ausgewogenes Urteil.

In der Rückschau war die Gefahr, die vom Regime Saddams ausging, offenbar wesentlich weniger bedrohlich, als sie von der US-Regierung dargestellt wurde. Saddam hatte offensichtlich nicht nur kein laufendes Kernwaffenprogramm, er besaß auch nicht die beträchtlichen Vorräte an biologischen und chemischen Waffen, wie Außenminister Powell in seiner Rede vor dem UN-Sicherheitsrat am 6. Februar 2003 behauptet hatte. Die verhängten Sanktionen der neunziger Jahre hatten anscheinend ausgereicht, den Diktator dazu zu bewegen, sich seiner restlichen Waffen zu entledigen; die Skepsis der US-Regierung gegenüber der Effektivität der Waffeninspekteure war unangebracht. Im Licht der Berichte der Iraq Survey Group (ISG) hatte Saddam Hussein die Absicht gehabt, sich Massenvernichtungswaffen zu beschaffen, sobald die Sanktionen aufgehoben würden, doch das verschob die von der Regierung behauptete unmittelbare Bedrohung wesentlich weiter in die Zukunft.[55]

Die Geheimdienste der USA, die UN-Waffeninspektoren und die meisten Geheimdienste anderer Länder waren davon überzeugt, dass der Irak über begrenzte Vorräte an chemischen und biologischen Waffen verfüge, und fast alle waren verblüfft, als die ISG nichts finden konnte. Deshalb kann man der Bush-Regierung keinen Vorwurf daraus machen, dass sie an die Existenz dieser Vorräte glaubte.

Dagegen gab es für die Behauptung von Vizepräsident Cheney, der Irak habe sein Nuklearprogramm erneut gestartet, keine Beweise, und die US-Regierung muss sich den Vorwurf gefallen lassen, diesen besonders erschreckenden Aspekt der Bedrohung stark übertrieben zu haben. Indem sie allgemein von Massenvernichtungswaffen sprach, ohne zwischen Kernwaffen und chemischen und biologischen Waffen zu differenzieren, erweckte die Regierung den Eindruck, dass die Bedrohung durch Nuklearwaffen unmittelbar ins Haus stehe. Die meisten der beteiligten Akteure haben eher übertrieben als wider besseres Wissen die Unwahrheit gesagt. Sie glaubten, dass Saddam Hussein sich bemühte, Material für die Produktion von Nuklearwaffen zu beschaffen, und dass trotz der im Augenblick unbefriedigenden Beweislage diese Beweise später mit Sicherheit aufgefunden und ihr Handeln nachträglich gerechtfertigt würde. Man muss ihnen allerdings vorwerfen, dass sie keinerlei Selbstzweifel hegten und die vorhandenen Indizien nicht unvoreingenommener überprüft haben, bevor sie einen Präventivkrieg begannen.

Nachdem keine Massenvernichtungswaffen im Irak gefunden worden waren, vertrat Präsident Bush weiterhin den Standpunkt, der Präventivkrieg sei gerechtfertigt gewesen, weil die ISG doch festgestellt habe, das irakische Regime habe die Absicht gehabt, irgendwann in der Zukunft Massenvernichtungswaffen zu erwerben. Wenn die schlichte Unterstellung einer Absicht, Massenvernichtungswaffen zu erwerben, bereits ausreicht, um einen Präventivkrieg zu führen, dann gibt es viele Länder auf der Welt, die als Ziele für eine US-Intervention in Frage kommen. Ich bezweifle, dass der Präsident an eine derartige Strapazierung des Kriteriums für einen Präventivkrieg gedacht hat; die Erfahrungen mit dem Irak legen jedoch den Schluss nahe, dass die Doktrin insgesamt überprüft und neu überdacht werden muss.

4. Amerikanischer Exzeptionalismus und internationale Legitimität

Viele Neokonservative haben in den späten neunziger Jahren die Meinung vertreten, die Vereinigten Staaten sollten ihr militärisches Übergewicht dazu benutzen, über strategisch wichtige Teile der Welt eine »wohlmeinende und gütige Hegemonie« *(benevolent hegemony)* auszuüben. Die Invasion in den Irak verstand die Bush-Regierung nicht als einen Akt reinen Eigeninteresses, sondern als eine Bereitstellung eines globalen kollektiven Guts. Der Glaube dieser Regierung an ihre eigenen ehrenwerten Motive trägt viel zur Erklärung dafür bei, warum sie über die extrem negative internationale Reaktion auf den Krieg so erstaunt war.

Viele Beobachter haben behauptet, die Bush-Regierung schätze die internationale öffentliche Meinung und Legitimität durch multilaterale Verfahren und Institutionen gering. In der Tat hatten viele Mitglieder der US-Regierung eine geringe Meinung von den Vereinten Nationen, beispielsweise der Unterstaatssekretär im Außenministerium und künftige UN-Botschafter John Bolton. Doch eine Abneigung gegenüber den Vereinten Nationen ist nicht zwangsläufig dasselbe wie eine Gleichgültigkeit gegenüber internationaler Legitimität. Viele Mitglieder der Bush-Regierung waren davon überzeugt, dass die Erfahrungen des Kalten Kriegs, des Golf- und des Balkankriegs gezeigt hätten, dass Legitimität durch das internationale System gelegentlich erst nachträglich verliehen wird und dass aufgrund der Schwächen der kollektiven Meinungs- und Entscheidungsfindung in multilateralen Institutionen die Vereinigten Staaten erst handeln und später die Zustimmung einholen müssten.[56] Zudem glaubten manche Regierungsvertreter, dass die Vereinigten Staaten bereits eine internationale rechtliche Billigung hätten – und somit das legitime Recht –, in den Irak einzumarschieren, weil sie damit lediglich die vorangegangenen 17 UN-Resolutionen durchsetzten, mit denen die Abrüstung des Irak gefordert worden war.[57] Solche Argumente zeigen, dass große Teile der US-Regierung keineswegs gleichgültig gegenüber internationaler Legitimität waren. Gleichwohl waren die Position und das Vorgehen der Regierung fragwürdig. Nun ist es richtig, dass Saddam Hussein gegen viele UN-Resolutionen verstoßen hat, insbesondere als er die Inspektoren der UN-Sonderkommission (UNSCOM) 1999 des Landes verwies. (Wie sich nach dem Krieg herausstellte, hatte der Irak das Geld des UN-Programms »Öl für Lebensmittel« in eklatanter Weise für andere Zwecke verwendet und mehrfach den Waffenstillstand nach dem Golfkrieg gebrochen.) Strittiger war dagegen, ob die eigenmächtige Durchsetzung der UN-Resolutionen durch zwei ständige Mitglieder des UN-Sicherheitsrats, die Vereinigten Staaten und Großbritannien, legal war. Die Vereinten Nationen haben kein Exekutivorgan mit der Durchsetzung seiner Beschlüsse beauftragt, und die Delegierung der Befugnisse zur Durchsetzung einer Resolution an einzelne Länder erfordert einen eigenen Beschluss samt Abstimmung. Zudem hatte Präsident Bush zu diesem Zeitpunkt kaum einen Zweifel daran gelassen, dass die USA sich nicht an das gebunden fühlten, was der UN-Sicherheitsrat beschloss, womit er zu verstehen gab, dass die amerikanische Regierung sich nicht in jedem Fall an das Völkerrecht halten würde.

Letztlich stützte sich das amerikanische Vorgehen nicht auf eine juristische, sondern auf eine politische Legitimität. Am Vorabend des Kriegs war für alle offensichtlich, dass die überwiegende Mehrheit der öffentlichen Meinung in der Welt gegen die amerikanische Invasion im Irak eingestellt war. Selbst in Ländern, deren Regierungen die USA unterstützten, wie Großbritannien, Spanien und Italien, war die Bevölkerungsmehrheit gegen den Krieg. Das hätte am Ende wohl keine Rolle gespielt, wenn die Vereinigten Staaten nachträglich die Berechtigung und Notwendigkeit der Intervention hätten beweisen können – indem sie beispielsweise ein mit Nachdruck betriebenes illegales Programm zur Produktion von Kernwaffen aufgedeckt hätten. Schließlich war es genau diese Form einer politischen Legitimität, um die sich die Vereinigten Staaten in früheren Krisen bemüht und die sich auch erhalten hatten. Die US-Regierung hat mit Recht an ihren Gegnern kritisiert, dass jene das Völkerrecht als einzige Grundlage für ein legitimes Vorgehen gelten ließen.

Die Krise kollektiven Handelns der internationalen Staatengemeinschaft wurde nicht, wie viele annahmen, von der Bush-Regierung verursacht, sondern von den Vereinten Nationen und jenen Europäern, die im Rahmen der UNO Sicherheit gewährleisten wollten. Die Erfahrung der Clinton-Regierung auf dem Balkan hatte viele Mitglieder der Bush-Administration davon überzeugt, dass die Vereinten Nationen dazu unfähig seien. In Bosnien hatte ein von den UN verhängtes, scheinbar unparteiliches Waffenembargo fatale Folgen: Ausgerechnet jene Partei genoss dadurch einen Vorteil, die den Konflikt verursacht hatte – Serbien. Das eingeschränkte Mandat der UN-Friedenstruppen unter der Führung von Europäern mündete in dem traurigen Schauspiel holländischer UN-Soldaten in Srebrenica, die unfähig waren, sich selbst oder gar die Bosnier zu verteidigen, die ihrem Schutz anvertraut waren. Desgleichen verhinderte das russische Veto im Sicherheitsrat, dass in der Kosovokrise überhaupt etwas unternommen wurde. Den Vereinigten Staaten wäre es durchaus recht gewesen, den Europäern die Lösung eines Problems zu überlassen, das sich schließlich in ihrem eigenen Hinterhof entwickelt hatte. Doch sowohl die Bosnien als auch die Kosovokrise wurden erst gelöst, als die Vereinigten Staaten die Bühne betraten und ihr Militär wirkungsvoll einsetzten. Die USA vermittelten das Daytonabkommen, das den Bosnienkrieg beendete, und führten die militärische Koalition, die der serbischen Aggression im Kosovo ein Ende machte und letztlich den Weg für einen Regimewechsel in Belgrad ebnete.

Das amerikanische Engagement auf dem Balkan in den neunziger Jahren reproduzierte – zum vorerst letzten Mal – ein Verhaltensmuster, das als »amerikanischer Maximalismus« bezeichnet worden ist.[58] Dieses Muster etablierte sich mit Beginn des Kalten Kriegs: Die Amerikaner forderten von ihren Verbündeten konsequent die Verwirklichung von Zielen, die Letzteren viel zu ambitioniert und weit außerhalb der Grenzen des herkömmlichen Denkens lagen. Die europäische Unentschlossenheit und Unfähigkeit, entscheidungsfreudige, handfeste Institutionen zu schaffen, bedeutete, dass die Vereinigten Staaten häufig einspringen mussten, um ihre Zielvorgaben zu realisieren. Das galt im Fall der Stationierung von Mittelstreckenraketen in den achtziger Jahren, es galt für den anschließenden Vorschlag der Reagan-Regierung, diese Raketen mit einer »Doppel-Null-Lösung« ganz abzuschaffen, und für Präsident Bushs Forderung von 1989, ein »einheitliches und freies Europa« zu schaffen.

Mancur Olson hat in seinem Buch *Die Logik des kollektiven Handelns* geschrieben, dass kollektive Güter, die der gesamten Menschheit zugute kämen, häufig von einem einzelnen Akteur bereitgestellt würden, der wesentlich mächtiger sei als die übrigen, weil er ein besonders starkes Interesse an diesen Gütern habe.[59] Man hat vielfach behauptet, diese Logik habe das Verhältnis zwischen den USA und ihren Verbündeten in Europa wie in Asien während des Kalten Kriegs bestimmt und aus ihr habe sich das unilateralistische Denken der Bush-Regierung entwickelt, als es um den Krieg gegen den Irak ging. Somit entspräche dieses Verhalten durchaus einem kontinuierlichen Muster in der US-Außenpolitik.

Die Bush-Regierung und ihre neokonservativen Anhänger hatten nicht mit der Feindseligkeit der weltweiten und zumal der europäischen Reaktion auf den geplanten Krieg gerechnet. Vorhersehbar war zwar, dass der französische Ministerpräsident Jacques Chirac und sein Außenminister Dominique de Villepin Colin Powell ins Messer laufen lassen und ihre Zustimmung zur zweiten UN-Resolution zurückziehen würden. Doch die Opposition gegen den Krieg blieb nicht auf taktische Ränkespiele von Eliten beschränkt. Am 15. Februar 2003, einen Monat vor Beginn des Kriegs, fanden in ganz Europa hoch emotionalisierte Massendemonstrationen gegen den Krieg statt, auch in London, Madrid und Rom, den Hauptstädten jener europäischen Verbündeten, die bereit waren, in die »Koalition der Willigen« einzutreten. Europa hatte noch nie zuvor so spontan in einer einzelnen Frage so vereint gewirkt wie in dieser. Der ehemalige französische Finanzminister Dominique Strauss-Kahn bezeichnete die Demonstrationen sogar als die »Geburt der europäischen Nation«.[60] Der durch den Irakkrieg entstandene Riss im transatlantischen Bündnis deutet eine tektonische und damit dauerhafte Verschiebung an.

Die Gründe, warum der Irakkrieg eine solche Welle des Antiamerikanismus ausgelöst hat, sind komplex und werden weiter unten ausführlicher behandelt. Der Auslöser für den massiven Widerstand gegen die USA lag gewiss in der Präventivkriegsdoktrin, die wiederum Ausdruck eines amerikanischen Exzeptionalismus ist. Eine Doktrin, die das Recht auf einen Präventivkrieg im weiteren Sinne beansprucht, kann offensichtlich nicht verallgemeinert werden. Viele Länder sind einer Bedrohung durch Terroristen ausgesetzt und könnten geneigt sein, ihr durch eine vorbeugende Intervention oder den Sturz von Regimes zu begegnen, von denen man annimmt, sie gewährten Terroristen Zuflucht. Russland, China und Indien fallen alle in diese Kategorie, doch wenn eine der Regierungen dieser Staaten eine allgemeine Strategie eines Präventivkriegs im weiteren und engeren Sinn als Maßnahme gegen den Terrorismus verkünden sollte, wären die USA mit Sicherheit das erste Land, das dagegen Einspruch erheben würde. Die Tatsache, dass die Vereinigten Staaten sich selbst ein Recht zubilligten, das sie anderen Ländern nicht zugestehen würden, stützt sich in der NSS auf ein stillschweigendes Urteil, dem zufolge die Vereinigten Staaten sich gegenüber anderen Ländern in einem wesentlichen Punkt unterscheiden: Man könne darauf vertrauen, dass sie von ihrer militärischen Macht in einer gerechten und vernünftigen Art und Weise Gebrauch machten, wie es anderen großen Staaten nicht möglich sei. Diese Denkfigur des amerikanischen Exzeptionalismus hat eine lange Geschichte. Sie beginnt mit Präsident George Washingtons Abschiedsrede an die Nation, in der er versichert, die amerikanische Republik sei in Tugend geboren und werde

ihre Unschuld nur dann verlieren, wenn sie eine Machtpolitik von der Art der Europäer betreiben würde.

Neokonservative Intellektuelle haben bereits in den Jahren vor dem Irakkrieg das Bild einer amerikanischen Sonderstellung ausgemalt. Bereits am Ende des Kalten Kriegs
forderte Charles Krauthammer eine amerikanische Vor-
machtstellung, um eine weltweite Ordnung und Sicherheit
zu erreichen. Dabei strebten die Vereinigten Staaten im
Unterschied zu anderen Großmächten kein Empire an,
sondern träten als »Hüter des internationalen Systems« in
Erscheinung.[61] Desgleichen haben William Kristol und
Robert Kagan sich in ihrem Buch *Present Dangers* ausdrücklich für eine »wohlwollende und gütige Hegemonie« aus-
gesprochen, bei der die Vereinigten Staaten ihre Macht
dafür einsetzen sollten, eine wohltätige, friedliche und
demokratische Weltordnung zu schaffen. Insbesondere behaupteten sie, Opposition und Widerstand gegen eine solche Vorherrschaft sei wegen der ungewöhnlichen Tugend-
haftigkeit Amerikas nicht zu erwarten: »Gerade weil die
amerikanische Außenpolitik von einem ungewöhnlich hohen Grad der Moralität erfüllt ist, stellen andere Nationen
fest, dass sie von ihrer ansonsten erschreckenden Macht
nichts zu fürchten haben.«[62] Es fällt schwer, über diese Zei-
len im Gefolge der globalen Reaktion auf den Irakkrieg
nicht zu schmunzeln: Es genügt natürlich nicht, dass die
Amerikaner an ihre eigenen guten Absichten glauben; auch
die Nichtamerikaner müssen davon überzeugt sein.

Die Vorstellung, dass die Vereinigten Staaten in der Vergangenheit großzügig gehandelt und globale kollektive
Güter bereitgestellt hätten, ist allerdings keineswegs lächerlich. Die Wandlungen Deutschlands und Japans nach
dem Zweiten Weltkrieg zu Demokratien und Bündnispartnern, die amerikanische Gründungsinitiative für die
Institutionen von Bretton Woods und die Vereinten Na-

tionen in den vierziger Jahren oder die Unterstützung Westeuropas und der »eingekerkerten Nationen« Osteuropas während des Kalten Kriegs brachten der Weltgemeinschaft umfangreiche kollektive Vorteile, ungeachtet dessen, dass sie gleichzeitig den strategischen Interessen der USA entgegenkamen. Amerika hätte sich stattdessen leicht für einen Isolationismus entscheiden können, wofür viele Amerikaner bis zum Ende der vierziger Jahre votierten, und hätte während dieser Zeit seine Verbündeten auch weniger großzügig unterstützen können. Zur Zeit des Irakkriegs dagegen hatte die Vorstellung, Nichtamerikaner würden positiv auf eine amerikanische »wohlwollende und gütige Hegemonie« reagieren oder sie stillschweigend dulden, mehr mit Wunschdenken als mit Wirklichkeitssinn zu tun.

Die Probleme des Strategiepapiers des Nationalen Sicherheitsrates beschränkten sich nicht auf den darin enthaltenen Begriff der »*preemption*« oder auf seine Aussage, die Vereinigten Staaten könnten gelegentlich genötigt sein, eigenmächtig zu handeln. Problematisch waren auch die Kriterien für eine Entscheidung, wann die Vereinigten Staaten einen Präventivkrieg im weiteren Sinne führen sollten. Die Nationale Sicherheitsberaterin Condoleezza Rice erklärte kurz nach der Veröffentlichung des Strategiepapiers: »Dieser Ansatz muss mit großer Vorsicht behandelt werden. Die Zahl der Fälle, in denen er gerechtfertigt sein könnte, wird stets sehr klein sein. Zuvor sind andere Mittel, einschließlich diplomatischer, auszuschöpfen. Eine präventive *(preemptive)* Aktion steht nicht am Beginn einer langen Kette von Bemühungen. Die Bedrohung muss sehr ernst sein. Und die Risiken eines Zuwartens müssen weitaus höher sein als die einer Aktion.«[63]

Diese einschränkenden Bemerkungen hätten in das Strategiepapier gehört, gemeinsam mit spezifischeren Kriterien zur Skizzierung von Bedingungen, unter denen ein Präventivschlag legitim geführt werden könnte. Diese Botschaft hätte dann jedes Mal wiederholt werden müssen, wenn die Regierung ihr Vorgehen gegen den Irak begründete. Das Gegenteil geschah: Präsident Bush sprach in seiner berühmten Rede zur Lage der Union von einer »Achse des Bösen«, die aus dem Irak, Iran und Nordkorea bestehe, und es war nur nahe liegend, dass Beobachter aus dem Ausland diesen Ausdruck mit der neuen Präventionskrieg-Doktrin in Verbindung brachten und annahmen, die US-Regierung plane drei Präventivkriege nacheinander, um in diesen Ländern einen Regimewechsel herbeizuführen.

Es gibt mehrere mögliche Erklärungen dafür, warum einer so erfahrenen außenpolitischen Mannschaft solch elementare Schnitzer unterlaufen konnten. Erstens herrschte Verwirrung darüber, wer der Adressat von Botschaften dieser Art sei. Ein Großteil der aggressiven Rhetorik der Bush-Regierung zielte auf die Schurkenstaaten selbst und andere Akteure, die geneigt sein mochten, diese zu unterstützen. Bushs berühmte Grenzziehung nach dem 11. September, im Krieg gegen den Terrorismus müsse man sich entscheiden, ob man »für uns oder gegen uns« sei, bezog sich ohne jeden Zweifel auf Pakistan oder den Jemen, beides Länder, die in der Vergangenheit Terroristen Unterschlupf gewährt hatten und sich jetzt entscheiden mussten, ob sie bei der Jagd auf al-Qaida-Agenten mit den Vereinigten Staaten zusammenarbeiten wollten. Das Problem war, dass dieser Satz in Regionen wie Europa als Aufforderung aufgefasst wurde, sie sollten sich dem Programm der Bush-Regierung entweder anschließen oder sich heraushalten, was dort natürlich Unmut auslöste. Die Regierung unternahm leider wenig, um die Frage zu klären, welches Publikum sie jeweils ansprechen wollte.

Ein zweiter Grund für solche Kommunikationspannen hing möglicherweise mit dem Umstand zusammen, dass innerhalb der Regierung noch immer Meinungsverschiedenheiten bestanden über die Bedingungen, unter denen die Doktrin angewandt würde, so dass alle gehindert wurden, sie explizit darzulegen. Manche im US-Verteidigungsministerium hatten möglicherweise tatsächlich den Wunsch, die Option mehrerer Kriege offen zu halten, und waren deshalb nicht bereit, Richtlinien für die öffentliche Diplomatie zu unterschreiben, die den außenpolitischen Handlungsspielraum der Regierung eingeengt hätten.

Schließlich kam noch hinzu, dass Colin Powell seine Aufgabe als US-Außenminister nicht vorrangig darin sah, Reden zu halten und Doktrinen zu verkünden. Engen Mitarbeitern gegenüber äußerte er, mit großen Ideen und abstrakten Doktrinen könne er wenig anfangen. Man hat immer wieder darauf hingewiesen, dass Powell weniger Reden hielt und Reisen machte als die meisten seiner Vorgänger; in dem kritischen Zeitraum zwischen den Abstimmungen über die erste und die zweite Resolution des Weltsicherheitsrats zur Billigung des Kriegs beispielsweise blieb er überwiegend in Washington. Möglicherweise war er der Meinung, dass es ihm nicht zustehe, die Befürchtungen der Verbündeten über eine unabsehbare Reihe von Präventivkriegen zu zerstreuen.

Es gab ein allgemeines Unvermögen auf Seiten der amerikanischen Eliten, in der Zeit zwischen dem Ende des Kalten Kriegs und dem Beginn des Irakkriegs den beständig zunehmenden Antiamerikanismus wahrzunehmen.[64] Die Amerikaner waren es aus der Zeit des Kalten Kriegs gewöhnt, nicht gemocht zu werden, und es fiel ihnen leicht, neuartige Bekundungen antiamerikanischer Ressentiments als einen Rückfall in eine wohlbekannte Feindseligkeit der Linken gegenüber der Macht und den Zielen der USA abzutun. Doch diesmal braute sich etwas anderes zusammen. Das Ausmaß einer extremen Feindseligkeit gegen die USA im Vorderen Orient und in der muslimischen Welt erreichte in der Zeit nach dem 11. September beispiellose Höhen, wobei die positiven Einstellungen zu den USA auf fünf Prozent in Jordanien, 21 Prozent in Pakistan, 27 Prozent in Marokko und 30 Prozent in der Türkei zurückgingen – allesamt traditionelle Freunde der Vereinigten Staaten.[65] In Westeuropa kam darüber hinaus die Kritik nicht von den üblichen Verdächtigen auf der Linken, sondern von vielen aus der politischen Mitte und auf der Rechten, die während des Kalten Kriegs den amerikanischen Einfluss befestigt hatten.

Um diesen Trend zu verstehen, muss man sich eine Veränderung vergegenwärtigen, die sich seit den achtziger Jahren vollzogen hat. In der Zeit vor der Reagan- und der Thatcher-Revolution hatten alle Industrieländer unter Einschluss der Vereinigten Staaten extensive Sozialstaaten aufgebaut mit wachsenden Leistungsansprüchen und einer weitreichenden Regulierung der Märkte. Dieses System geriet ab Ende der siebziger Jahre in eine Krise, bedingt durch eine Überregulierung und fallendes Produktivitätswachstum. Die Vereinigten Staaten waren die Ersten, die darangingen, diesen Trend umzukehren, und den Sozialstaat teilweise abbauten. Die amerikanischen Märkte waren seit jeher weniger stark reguliert als die europäischen, und der Unterschied wurde in den beiden letzten Jahrzehnten des 20. Jahrhunderts noch auffälliger, als die USA Fluglinien, Telekommunikation, Energieversorgung und andere Dienstleistungen deregulierten. Das löste eine Welle technischer Innovationen und ein Wirtschaftswachstum aus, das mit dem Boom in der IT-Branche der neunziger Jahre zusammenhing.

Der neu belebte kapitalistische Wettbewerb wurde rasch

»Globalisierung« genannt und in einem Großteil der übrigen Welt mit einer Mischung aus Faszination, Neid, Furcht und Groll beobachtet. Es gab natürlich Länder wie Südkorea, Taiwan und China, die von der Globalisierung profitierten, indem sie Exportmärkte erschlossen und ein wirtschaftliches Wachstum erlebten. Doch die übrigen industrialisierten Demokratien waren zufrieden mit ihren Sozialstaaten und sahen häufig in dem amerikanischen Vorstoß zu einer Liberalisierung der Märkte auf der Erde nicht eine gut gemeinte Bemühung zur Förderung einer Reform, sondern einen Versuch der Vereinigten Staaten, ihre eigenen antietatistischen Werte dem Rest der Welt aufzunötigen.

Die Amerikanisierung der Weltwirtschaft wurde wesentlich vom privaten Sektor vorangetrieben. Doch auch die amerikanische Regierungspolitik unterstützte die wirtschaftliche Liberalisierung in hohem Maße. Der »Washington Consensus« war ein Paket orthodoxer wirtschaftlicher Liberalisierungsmaßnahmen, die häufig als Bedingungen mit Krediten für eine strukturelle Anpassung von internationalen Finanzinstitutionen wie dem IWF und der Weltbank für Entwicklungsländer verknüpft wurden.[66] Hätte diese Form einer von den USA geförderten wirtschaftlichen Liberalisierung dort, wo sie angewandt wurde, durchgehend positive Resultate erbracht, hätte man diese Form einer »wohlwollenden und gütigen Hegemonie« wohl eher akzeptiert. Doch selbst Länder wie Argentinien, die glaubten, sie hätten sich an die Ratschläge aus den USA gehalten, befanden sich am Ende der neunziger Jahre in einer schweren Wirtschaftskrise. Das Ergebnis war eine allgemeine Diskreditierung des »Neoliberalismus« in ganz Lateinamerika und das Aufkommen einer neuen Generation von linken politischen Führern in der Region.[67]

In Ländern wie Thailand und Südkorea hat die Clinton-

Regierung in der ersten Hälfte der neunziger Jahre nachdrücklich auf eine Liberalisierung des Kapitalmarkts gedrängt. Die Männer, die für diese Maßnahmen eintraten, wie Finanzminister Robert Rubin und sein Stellvertreter Larry Summers (sein späterer Nachfolger), sahen darin nichts als eine gute Wirtschaftspolitik, von der die betreffenden Länder profitieren würden. Dagegen blickten viele Asiaten misstrauisch auf die amerikanischen Motive und erkannten darin einen Versuch, die Öffnung geschlossener Kapitalmärkte im Interesse der Wall Street zu erzwingen.

Als in Asien 1997/98 die Wirtschaftskrise ausbrach, wurden die genannten Länder von einer Liquiditätskrise getroffen, die von der Liberalisierung des Kapitalmarkts ausgelöst wurde. Die meisten Beobachter sind sich heute einig, dass die Liberalisierung des Kapitalverkehrs verfrüht vorgenommen worden war, bevor Regulierungsinstrumente bereitgestanden hätten, um diese Ökonomien gegen die Launen der Kapitalmärkte zu stärken. Außerdem war der erste Impuls des IWF, dieselbe Medizin einer fiskalischen Sparpolitik auch Ländern zu verschreiben, die vor allem anderen eine Erhöhung der öffentlichen Ausgaben brauchten. Doch obwohl sie mindestens für einen Teil der Umstände, die zu der Krise geführt hatten, verantwortlich waren, kamen die USA zum Beispiel Thailand nicht zu Hilfe und benutzten stattdessen ihren Einfluss auf internationale Institutionen wie den IWF dazu, eine weitere Liberalisierung der Kapitalmärkte zu erzwingen, zu einem Zeitpunkt also, als die Zielländer wirtschaftlich am Boden lagen. Es ist nicht verwunderlich, wenn die Südkoreaner bis heute von einer »IWF-Krise« sprechen und nicht von einer Krise ihrer eigenen politischen Maßnahmen und Institutionen.

In der politischen Sphäre hatte die amerikanische Hegemonie ebenfalls unerwartete negative Auswirkungen. Der Kalte Krieg hatte die Vereinigten Staaten dazu gezwungen, ihre Aufmerksamkeit auf viele Teile der Welt zu richten, in denen sie ansonsten keine ausgeprägten wirtschaftlichen oder politischen Interessen hatten. Diese Aufmerksamkeit erfolgte häufig in der Form militärischer Hilfe oder einer Intervention, was für das betroffene Land problematische Folgen hatte. Doch nach dem Ende des Kalten Kriegs nahmen die USA häufig die Gelegenheit wahr, sich aus diesen Ländern ganz zurückzuziehen.[68] Afghanistan war das klassische Beispiel hierfür. Ohne die Konkurrenz der ehemaligen Sowjetunion konnten die USA ungestört demokratische Bewegungen etwa auf den Philippinen und in Chile unterstützen, wo sie früher autoritäre Herrscher gestützt hatten, doch die USA hatten jetzt auch die Freiheit, wegzusehen, wenn in Regionen wie Ruanda und Liberia furchtbare Dinge geschahen.

Die Vorstellung, dass die Führungsrolle Amerikas während des Kalten Kriegs in die Haltung einer »wohlwollenden und gütigen Hegemonie« gegenüber dem Rest der Welt überführt werden könne, enthält in sich eine Reihe struktureller Mängel und Widersprüche, die sie als langfristige Grundlage für die amerikanische Außenpolitik untauglich machen. Erstens beruht das Konzept einer wohlwollenden und gütigen Hegemonie auf einem Glauben an eine Sonderstellung Amerikas, den die meisten Nichtamerikaner einfach nicht teilen. Die Idee, dass die Vereinigten Staaten sich ohne eigene Interessen auf der Weltbühne bewegten, wird von nicht allzu vielen geteilt, weil sie zum größten Teil nicht wahr ist und auch gar nicht wahr sein kann, wenn die amerikanischen Führer ihrer Verantwortung gegenüber dem amerikanischen Volk gerecht werden wollen. Die Vereinigten Staaten sind in der Lage, großzügig globale kollektive Güter bereitzustellen, und sie waren besonders großzügig, wenn ihre Ideen und ihre Eigeninteressen übereinstimmten. Aber die Vereinigten Staaten sind auch eine Großmacht mit eigenen Interessen. Amerikanische Präsidenten müssen die häufig engen wirtschaftlichen Interessen bestimmter Wählergruppen schützen; sie müssen sich Gedanken über die Sicherheit der Energieversorgung machen; sie müssen auf die Forderungen verschiedener ethnischer Wählergruppen in den Vereinigten Staaten eingehen; und sie sind auf die Zusammenarbeit der unterschiedlichsten Länder angewiesen, unabhängig davon, wie die Regierungen dieser Länder ihre Bürger behandeln. Außerdem gibt es eine Fülle von globalen kollektiven Gütern, von friedenssichernden Maßnahmen in Afrika bis zur Reduzierung der Kohlendioxidemissionen, deren Bereitstellung für die US-Regierung zu teuer ist.

Das zweite Problem mit der »wohlwollenden und gütigen Hegemonie« liegt darin, dass sie ein extrem hohes Maß an Kompetenz auf Seiten der Hegemonialmacht erfordert. Viele Kritiker der Bush-Regierung vor dem Irakkrieg in Europa und im Nahen Osten haben den Krieg nicht aus abstrakten normativen Gründen in Frage gestellt (zum Beispiel weil er nicht durch eine zweite Resolution des Weltsicherheitsrats legitimiert war). Sie fragten sich vielmehr, ob die US-Regierung wirklich erkannte, welche Folgen ihr Versuch der politischen Transformation des Vorderen Orients nach sich zog. Die Zweifel an der Kompetenz waren – wie sich gezeigt hat – sehr berechtigt.

Das letzte Problem mit einer »wohlwollenden Hegemonie« liegt in der amerikanischen Innenpolitik. Die amerikanische Bevölkerung ist nur begrenzt an außenpolitischen Angelegenheiten interessiert und bereit, Projekte im Ausland zu finanzieren, die keinen sichtbaren Nutzen für US-Interessen haben. Der 11. September hat diese Nutzenabwägung in vieler Hinsicht geändert und die Unterstützung der Bevölkerung für zwei Kriege im Nahen und Mittleren Osten und enorme Steigerungen des Verteidigungshaushalts mobilisiert. Wie lange diese Mobilisierung anhält, ist jedoch ungewiss: Während die meisten Amerikaner das Nötige tun wollen, um das Projekt eines Wiederaufbaus des Iraks gelingen zu lassen, haben die Monate nach dem Krieg bei der Bevölkerung keinen Appetit auf weitere kostspielige Interventionen geweckt. Ein tieferes Problem liegt in dem Umstand, dass die Amerikaner in ihrem Innersten kein imperiales Volk sind. Selbst wohlwollende und gütige Hegemonen müssen gelegentlich rücksichtslos handeln und benötigen eine Beharrlichkeit, von deren Notwendigkeit Menschen, die weitgehend mit ihrem Leben und ihrer Gesellschaft zufrieden sind, nicht leicht überzeugt werden können.

5. Sozialtechnologie und Entwicklung

Auf dem Gebiet der politischen und wirtschaftlichen Entwicklung gibt es zwei neokonservative Prinzipien, die potentiell miteinander in Konflikt geraten. Auf der einen Seite sind die Neokonservativen mit Recht davon überzeugt, dass der Charakter eines Regimes sich auch auf dessen Außenpolitik auswirkt: Liberale Demokratien achten tendenziell die Grundrechte ihrer Bürger und sind nach außen weniger aggressiv als Diktaturen. Deshalb ist es ein neokonservatives Anliegen, Menschen aus einer Tyrannei zu befreien und die Demokratie auf der Welt zu verbreiten, indem man in Staaten interveniert und ihre fundamentalen Institutionen umformt. Das steht in deutlichem Gegensatz zu einer realistischen Außenpolitik, die dazu neigt, die Souveränität von Staaten und ihrer Regime zu achten.

Auf der anderen Seite haben Neokonservative mit Nachdruck auf die Gefahren einer Sozialtechnologie mit zu ambitionierten Zielen hingewiesen. Diese Haltung geht zurück auf den Antistalinismus der CCNY-Gruppe und auf die Kritiker amerikanischer Sozialprogramme rund um die Zeitschrift *The Public Interest*. Effektive Sozialmaßnahmen müssten sich auf kurzfristigere Projekte konzentrieren, mit denen die Symptome und nicht vermeintliche Ursachen von Kriminalität wie Rassismus oder

Armut bekämpft würden. In die Sphäre der Außenpolitik übersetzt, müsste diese neokonservative Denktradition eigentlich bedeuten, gegenüber der Möglichkeit der politischen Transformationen im Nahen Osten eine gewisse Skepsis zu hegen.

Weder die Bush-Regierung noch ihre neokonservativen Anhänger haben vor dem Irakkrieg ausreichend über dieses Vermächtnis nachgedacht. Auch wenn sie nicht bereit ist, das heute zuzugeben – die Regierung hat die Kosten und die Schwierigkeiten eines Neuaufbaus des Iraks und dessen Anleitung zu einem demokratischen Übergang sträflich unterschätzt. In seiner internen Vorkriegsplanung hat das Pentagon offenbar angenommen, es könne etwa sechs Monate nach dem Ende des aktiven Kampfes seine Truppenstärke im Irak von ursprünglich 150 000 auf 60 000 Mann reduzieren. In einem Interview am Vorabend des Kriegs mit Tim Russert sagte Vizepräsident Cheney,»die Annahme, dass wir dort mehrere Hunderttausend Mann benötigen, nachdem die Militäroperationen beendet sind, ist meiner Meinung nach ungenau […] Ich bin wirklich davon überzeugt, dass wir dort als Befreier begrüßt werden.«[69] Präsident Bush wäre nicht auf einem Flugzeugträger mit einem großen Transparent mit der Aufschrift»Auftrag erfüllt« gelandet, wenn er gewusst hätte, dass zwei Jahre später fast 150 000 US-Soldaten noch immer einen erbitterten Counterinsurgency-Krieg führen würden.

Unter den Wortführern des Kriegs herrschte anscheinend die Überzeugung vor, nach der Befreiung von einer Diktatur wendeten sich die vormals Unterdrückten automatisch der Demokratie zu. In einer Rede vor dem American Enterprise Institute am Vorabend des Kriegs sagte Präsident Bush:»Menschliche Zivilisationen können sehr unterschiedlich sein. Doch das menschliche Herz wünscht sich überall auf der Erde dieselben guten Dinge. In ihrem Wunsch nach Sicherheit vor brutaler und tyrannischer Bedrückung sind die Menschen alle gleich. In unserem Wunsch, für unsere Kinder zu sorgen und ihnen ein besseres Leben zu ermöglichen, sind wir alle gleich. Aus diesen elementaren Gründen werden Freiheit und Demokratie immer und überall eine größere Anziehungskraft ausüben als die Parolen des Hasses und die Taktik des Terrors.« Man kann freilich behaupten, dass es ein allgemein menschliches Bedürfnis gebe, frei von Tyrannei zu sein. Das Problem ist die damit verbundene Zeitperspektive. Es dürfte wohl außer Frage stehen, dass es einen breiten, seit Jahrhunderten anhaltenden Trend in Richtung einer Verbreitung der liberalen Demokratie gibt – eine Auffassung, die ich in der Vergangenheit selbst mit Nachdruck vertreten habe. Daraus lässt sich aber keineswegs der Schluss ziehen, dass eine Demokratie oder wirtschaftliches Wohlergehen zu jeder beliebigen Zeit in jeder Gesellschaft ermöglicht werden könnten.[70] Bestimmte *Institutionen* müssen etabliert sein, bevor eine Gesellschaft aus dem Zustand einer amorphen Sehnsucht nach Freiheit in ein gut funktionierendes, gefestigtes demokratisches politisches System mit einer modernen Wirtschaft übergehen kann. Und wenn es etwas gibt, was wir aus der Untersuchung demokratischer Übergänge und politischer Entwicklung gelernt haben, dann ist es die Tatsache, dass Institutionen sehr schwierig aufzubauen sind.

Seit den neunziger Jahren steht die Frage der Entwicklung von Institutionen auf der wissenschaftlichen Agenda. Heute gibt es eine Fülle von Literatur über demokratische Übergänge und wirtschaftliche Entwicklung. Doch die prominenten Neokonservativen, die den Krieg unterstützten, standen weitgehend außerhalb dieser Debatte, und man findet bei ihnen kaum eine Erörterung der konkreten

Mechanismen, wie die Vereinigten Staaten demokratische Institutionen oder eine wirtschaftliche Entwicklung fördern sollen. Das Buch *Present Dangers* von Kristol und Kagan beispielsweise enthält eine Diskussion der Instrumente, die benutzt werden sollen, um demokratische Werte und Institutionen auf der Welt zu verbreiten; diese bestehen zuerst und vor allem in der Fähigkeit, überall auf der Welt ein Bild militärischer Stärke zu vermitteln; an zweiter Stelle stehen Verbündete und an dritter eine Verteidigung durch ballistische Raketen.[71] Man findet nicht einmal ein beifälliges Kopfnicken zu jenen politischen Instrumenten, die entscheidend dazu beitragen, politische Übergänge zu bewerkstelligen, wie das US-Außenministerium, die US-Agentur für internationale Entwicklung (USAID) oder multilaterale Institutionen wie den IWF oder die Weltbank. Der *Weekly Standard* glaubt gar, dass die Verbreitung der Demokratie durch eine Erhöhung des amerikanischen Militärbudgets gefördert werden würde. Ein Wort über neue Ansätze für einen Wiederaufbau nach Beendigung von Konflikten, über wirtschaftliche Entwicklung, die Unterstützung der Zivilgesellschaft, öffentliche Diplomatie und dergleichen sind ihm nicht zu entlocken. Offenbar haben die Neokonservativen angenommen, dass die Institutionen irgendwie von sich aus aktiv werden würden, nachdem die Vereinigten Staaten die Grobarbeit eines erzwungenen Regimewechsels erledigt hätten.

Die Geschichte der Entwicklungstheorie seit der Dekolonisierung ist gespickt mit gescheiterten Versuchen, den Entwicklungsprozess begrifflich adäquat zu erfassen. Entwicklungstheorien benennen auch keine Werkzeuge, mit denen Geberländer tatsächlich Entwicklung beeinflussen könnten. Es ist zweckmäßig, von vornherein wirtschaftliche und politische Entwicklung voneinander zu trennen, da die wissenschaftliche Erforschung und Deutung dieser beiden komplementären Aspekte der Modernisierung unterschiedliche Wege gegangen sind – wobei sie sich in den neunziger Jahren wieder einander angenähert haben, was interessante Auswirkungen für die Politik haben könnte.

Wirtschaftliche Entwicklung

Die Theorie der wirtschaftlichen Entwicklung hat seit der Auflösung der europäischen Kolonialreiche, die Ende der vierziger Jahre einsetzte, mehrere voneinander unterscheidbare Phasen durchlaufen. Unter dem frühen Einfluss des Harrod-Domar-Modells herrschte unter Wirtschaftswissenschaftlern allgemein die Überzeugung, dass das Haupthindernis für ein Wachstum in den jungen Nationalstaaten die so genannte Investitionslücke sei.[72] Sie nahmen stillschweigend an, dass unterentwickelte Länder entwickelte Länder ohne Kapital seien. Die von bilateralen Gebern wie den Vereinigten Staaten oder von multilateralen Institutionen wie der Weltbank bevorzugten Strategien konzentrierten sich folgerichtig auf große Infrastrukturprojekte wie Staudämme, Straßen oder Stromversorgung, die unter der Leitung der bestehenden Regierungen verwirklicht wurden. In den Vereinigten Staaten herrschte ein überschwänglicher Optimismus, dass man mit der Tennessee Valley Authority, einem unter Roosevelt konzipierten Projekt zur Versorgung der amerikanischen Südstaaten mit Strom, ein Rezept zur Förderung der wirtschaftlichen Entwicklung gefunden habe, ein Modell, das sich in die jungen Nationalstaaten exportieren ließe. Die wirtschaftliche Planung befand sich damals auf ihrem Höhepunkt; nicht nur staatliche Geber, auch private Organisationen wie die Ford Stiftung gaben der Verwaltungsreform und der Einrichtung wirtschaftlicher Planungsbehörden ihre Unterstützung.[73]

In den siebziger Jahren machte sich Enttäuschung breit. Große Infrastrukturprojekte erbrachten nicht die erhofften Effekte wie ein stetiges Wachstum und wurden durch politische Instabilität beeinträchtigt. Darüber hinaus hatten Staudämme und andere Großprojekte unerwartete Umweltschäden zur Folge und gerieten mit dem Aufkommen der Umweltschutzbewegung zunehmend in Misskredit. Ein Großteil der gewährten Mittel für staatliche Institutionen kam am Ende autoritären Regimes zugute, die ihre Bevölkerungen unterdrückten und das Geld in die eigene Tasche wirtschafteten. Pakistan etwa erhielt in den fünfziger Jahren großzügige Hilfsgelder, nur um eine Militärdiktatur zu errichten und in den sechziger Jahren mit dem benachbarten Indien einen Krieg zu führen.

Das Harrod-Domar-Modell hatte nicht berücksichtigt, dass unterentwickelte Länder sich von den entwickelten Ländern noch in vielen anderen wichtigen Dingen unterscheiden als durch die Kapitalintensität. So etwa der Mangel an Humankapital, was in den sechziger und siebziger Jahren zu einem neuen Schwerpunkt in der Entwicklungspolitik führte, nämlich dem Ausbau eines Bildungswesens. Ebenso wichtig wurde infolge der Umweltschäden der Ansatz einer »nachhaltigen Entwicklung«. Schließlich wurden auch Bevölkerungspolitik, ländliche Entwicklung und das Empowerment, also die (Selbst-)Ermächtigung, von Frauen zentrale Bestandteile von Entwicklungstheorie und Entwicklungspolitik. William Easterleys Untersuchung *The Elusive Quest for Growth* zieht eine ernüchternde Bilanz jeder dieser Moden in der Entwicklungspolitik und untersucht, warum keine von ihnen imstande war, ein stetiges und anhaltendes Wachstum zu bewerkstelligen.[74]

Internationale Geber verzeichneten eine Reihe von Erfolgen bei der Förderung wirtschaftlicher Entwicklung, doch es ist bemerkenswert, dass sie fast ausschließlich auf dem Gebiet der öffentlichen Gesundheit und bis zu einem gewissen Grad in der Landwirtschaft erzielt wurden. Pocken, Polio, Tuberkulose, Flussblindheit und Masern sind alles Krankheiten, die in weiten Teilen der Welt entweder ausgerottet oder weitgehend eingedämmt sind. Dagegen waren die Erfolge im Hinblick auf ein flächendeckendes, anhaltendes Wirtschaftswachstums wesentlich bescheidener. Die ostasiatischen Schnellentwickler haben ihren Aufschwung ohne fremde Hilfe geschafft; anderswo zeigte sich nur eine schwache Korrelation zwischen der Höhe internationaler Investitionen und positiven Resultaten.

Die amerikanischen Entwicklungsansätze waren überwiegend auf die Bedürfnisse der US-Außenpolitik zugeschnitten, da die Vereinigten Staaten sich damals einer harten Konkurrenz durch die kommunistische Welt im Kampf um Einfluss in den Entwicklungsländern ausgesetzt sahen. Wissenschaftliche Theoriebildung und praktische Politik flossen bei Autoren wie Walt Rostow zusammen, dessen Buch *Stadien wirtschaftlichen Wachstums* zu einer Schablone für die Förderung wirtschaftlicher Entwicklung während der Kennedy- und Johnson-Regierungen wurde.[75] Die Rivalität zwischen den USA und der Sowjetunion erreichte ihren Höhepunkt in den unterschiedlichen Strategien des Nation-Building in Nord- und Südvietnam. Mit der Niederlage Südvietnams im Vietnamkrieg brach die Zuversicht der Amerikaner in sich zusammen, dass sie über eine praktikable Theorie der politischen Modernisierung verfügten.

Die nächste Modewelle, von der die Entwicklungspolitik erfasst wurde, war die Rückkehr zur ökonomischen Orthodoxie in den achtziger Jahren. In der Ära Ronald Reagans und Margaret Thatchers triumphierte der Markt über den Staat. Wirtschaftliche Planung wurde in der entwickelten Welt wie in den Entwicklungsländern ein Unwort; an ihre Stelle traten die Ziele einer freien Marktwirtschaft und die Integration in den Weltmarkt. Der scheinbar an ein Wunder grenzende Aufstieg der an Export orientierten ostasiatischen »Tiger« wie Südkorea, Taiwan und Hongkong verstärkte diesen Trend.

Mit der Rückbesinnung auf die ökonomische Orthodoxie verschwanden die Probleme nicht. Zwar wiesen die auf Liberalisierung setzenden Konzepte in die richtige Richtung; in Chile zum Beispiel funktionierte die Liberalisierung der Märkte sehr gut. Das Problem war jedoch, dass der Mangel an starken Institutionen und einem entschlossenen politischen Willen die politische Liberalisierung bremste. In Schwarzafrika konnten die meisten Regierungen in den achtziger und neunziger Jahren dem Druck standhalten, im Rahmen immer neuer Kredite zur strukturellen Anpassung auch politische Reformen einzuleiten.[76]

Wie nirgendwo sonst wird in Afrika das Scheitern westlicher Entwicklungsstrategien deutlich. Trotz starker Unterstützung von Geberländern und Beratung von außen während drei Jahrzehnten ging das Pro-Kopf-Einkommen in den meisten dortigen Ländern ständig zurück. Die Lage in jenen afrikanischen Staaten, die seit jeher wirtschaftlich schwach waren, verschlechterte sich ständig, und in Fällen wie Somalia, Liberia und Sierra Leone lag die Wirtschaft schließlich völlig am Boden. Gutgemeinte westliche Entwicklungsprogramme haben in manchen Fällen die Lage eher noch verschlimmert, indem sie Regierungen stabilisierten, die sich der Notwendigkeit innerer Reformen entzogen.[77]

Ab der Mitte der neunziger Jahre kam es in der Entwicklungspolitik erneut zu einem Umdenken. Diesmal wurde die Bedeutung von Institutionen unterstrichen. Institutionen – formelle und informelle Regeln, die individuelle Entscheidungen einschränken – waren in der neoklassischen Ökonomie mehr oder weniger unbeachtet geblieben, bis sich die »New Institutional Economics« in Verbindung mit dem Wirtschaftshistoriker Douglass North zu Wort meldete. Sie betont die Bedeutung von Institutionen wie Eigentumsrechte, Vertragssicherheit und Rechtsstaatlichkeit als Bedingungen für eine erfolgreiche Entwicklung.[78]

Dieser Wechsel des Schwerpunkts in der Entwicklungspolitik zu Institutionen und allgemeiner zu den politischen Dimensionen von Entwicklung war überfällig. So geht der enorme Unterschied in den Entwicklungsergebnissen zwischen Ostasien und Lateinamerika seit den siebziger Jahren zu einem großen Teil auf die Unterschiede in der Kompetenz und Stärke staatlicher Institutionen und weniger auf Unterschiede im Hinblick auf die Liberalisierung der Märkte zurück. Es gibt zu viele Beispiele von Ländern mit ansonsten günstigen Aussichten, deren Entwicklung durch habgierige Führer, ethnische Konflikte, innere oder äußere Kriege oder andere rein politische Faktoren beeinträchtigt wurde. Sinnvolle politische Maßnahmen einschließlich der Bemühungen, den staatlichen Sektor durch Privatisierung und Deregulierung zu verkleinern, setzen ihrerseits eine starke Durchsetzungsfähigkeit des Staates voraus.[79]

Es ist jedoch wichtig, Institutionen ins rechte Licht zu rücken und die Entwicklung von Institutionen nicht zum neuesten Patentrezept zu machen, mit dem allein sich das Problem des wirtschaftlichen Wachstums lösen ließe. Institutionen sind nur eine von vielen Dimensionen der Entwicklung; Ressourcen in Form von Investitionskapital, gute wirtschaftspolitische Programme, die Geographie, Belastungen durch Krankheiten und Ähnliches – das alles hat Auswirkungen auf das Ergebnis von Entwicklung.

Zudem darf man nicht übersehen, dass wir nun zwar die Bedeutung von Institutionen zur Förderung einer wirtschaftlichen Entwicklung erkannt haben. Wir wissen jedoch relativ wenig darüber, wie man Institutionen in Gesellschaften schaffen oder stärken kann, in denen sie überhaupt nicht existieren oder schwach sind. Das wiederum heißt nicht, dass wir *gar nichts* wissen: Es gibt bestimmte Bereiche wie das Zentralbankwesen, in denen es universelle Vorlagen gibt und Technokraten von außen beträchtliche Verbesserungen der staatlichen Funktionen für das Finanzwesen zustande bringen können. Aber es gibt auch andere Aktivitäten des öffentlichen Sektors, zum Beispiel die Etablierung eines rechtsstaatlichen Systems oder die Förderung einer primären und sekundären Schulbildung, wo es keine universell anwendbaren Vorlagen gibt; bei diesen können infolgedessen technokratische Lösungen von außen weit weniger umfangreich angewandt werden.

Außerdem ist der Aufbau oder die Reformierung von Institutionen in der Regel eher ein politisches als ein technisches Problem. So leiden viele Entwicklungsländer beispielsweise chronisch unter einer schlechten Verwaltung des Staatsbudgets (wenn eine Regierung mehr ausgibt als sie an Steuern einnimmt oder öffentliche Gelder für private Zwecke verwendet). Dass es dazu kommt, liegt allerdings nur zu einem Teil daran, dass die Organisation und die Technik zur laufenden Kontrolle des Budgets fehlen. Häufiger sind korrupte Politiker der Grund, die öffentliche Gelder dazu benutzen, ihre Klientel zu bedienen, von der ihr politisches Überleben abhängt. Wollte man sie auffordern, fiskalisch verantwortungsbewusst zu handeln, wäre das gleichbedeutend mit der Aufforderung, politischen Selbstmord zu begehen. Die Beseitigung dieses Missstandes erfordert somit eine politische Lösung, indem man beispielsweise eine lokale Wählerschaft aufbaut, die man für eine Finanzreform gewinnen kann, oder in anderer Weise die politische Unterstützung der widerspenstigen politischen Gruppen ausschaltet. Solange keine politische Forderung nach einer Reform aus der Bevölkerung selbst kommt, wird das Problem sich kaum lösen lassen.

Politische Entwicklung

Unter politischer Entwicklung versteht man die Schaffung formaler staatlicher Institutionen zunehmender Komplexität und Reichweite, die dazu dienen, entweder kollektives Handeln zu fördern oder soziale Konflikte zu mildern. Die Förderung von Demokratie ist dabei nur eine Variante politischer Entwicklung. Bevor es eine Demokratie geben kann, braucht man einen Staat: die Schaffung und Stärkung staatlicher Institutionen in Konfliktregionen, kurz: State-Building, ist eine Aktivität, die sich nur partiell mit Demokratieverbreitung überschneidet.[80]

Die Aufeinanderfolge der verschiedenen Theorien über politische Entwicklung verlief parallel und in engem Bezug zur Abfolge der Theorien über wirtschaftliche Entwicklung, da beide in einem gemeinsamen Prozess der Modernisierung miteinander verflochten sind. Amerikanische Modernisierungstheorien hatten ihre Ursprünge in den Klassikern der europäischen Soziologie des ausgehenden 19. Jahrhunderts: Henry Maine, Ferdinand Tönnies,

Emile Durkheim und Max Weber boten allesamt begriffliche Gegensatzpaare an, die das Wesen des Modernisierungsprozesses erfassen sollten: *Status/Contract**; Gemeinschaft/Gesellschaft; mechanische/organische Solidarität; charismatische/bürokratisch-rationale Herrschaft. Diese Ideen wanderten von Europa in die Vereinigten Staaten, manchmal buchstäblich in den Köpfen von Flüchtlingen aus Hitlers Europa, und fanden eine Heimat an Orten wie dem Harvard Department of Comparative Politics, dem MIT Center for International Studies oder dem Social Science Research Council's Committee on Comparative Politics.[81] Talcott Parsons, Edward Shils, Daniel Lerner, Lucian Pye, Gabriel Almond, David Apter und Walt Rostow verstanden sich alle als Teil eines gemeinsamen Bemühens, eine einheitliche Theorie der Entwicklung zu bilden, die nicht nur den Übergang von traditionellen zu modernen Gesellschaften erklären, sondern auch praktische Empfehlungen für die amerikanische Außenpolitik zur Bewerkstelligung dieses Übergangs anbieten würde.

Ähnlich wie die Theorien über wirtschaftliche Entwicklung begannen auch die Theorien über politische Entwicklung in den sechziger Jahren an Wert zu verlieren, nachdem eine Welle von Staatsstreichen und Aufständen einen autoritären Rollback bewirkt hatten. Auf der Linken behaupteten Kritiker, dass die Modernisierungstheorie das einzigartige Muster der amerikanischen Entwicklung als ein Modell festschreibe. Es werde der Dritten Welt als Norm vorgehalten und sei Ausdruck von Ethnozentrismus und Blindheit gegenüber den Realitäten der

* Mit der Formel »From Status to Contract« beschrieb der englische Rechtshistoriker Henry Maine vor gut 100 Jahren den säkularen Wandel der traditionellen Welt zur Industriegesellschaft, von einer Gesellschaft, die auf den Unterschieden im Status der Menschen beruht, hin zu einer Vertragsgesellschaft.

außerwestlichen Gesellschaften. Auf der Rechten behauptete Samuel Huntington in seinem bahnbrechenden Werk *Political Order in Changing Societies*, ein politischer Verfall sei nicht weniger wahrscheinlich als eine politische Entwicklung und eine zu schnelle sozioökonomische Modernisierung könne eine politische Modernisierung verhindern und zu Ausschreitungen und Gewalt führen.[82] Modernisierung erschien nicht länger als ein integrierter Prozess des wirtschaftlichen, sozialen und politischen Wandels, sondern als ein Prozess, der außer Kontrolle geraten könne. Die politische Folgerung aus Huntingtons Buch war, dass die Entwicklung einer starken politischen Autorität für eine wirtschaftliche Entwicklung notwendig sei und einer demokratischen Regierungsform vorausgehen müsse.

In den Jahren nach dem Untergang der ehemaligen Sowjetunion und der Dritten Welle der Demokratisierung erlebte das Modell der politischen Entwicklung in der Literatur über einen »demokratischen Übergang« eine Renaissance. Diesem Modell zufolge haben demokratische Übergänge Einleitungs-, Durchbruchs- und Konsolidierungsphasen. Die Einleitung erfolgt aufgrund von Spaltungen zwischen Hardlinern und Gemäßigten in der autoritären Regierung; die Gemäßigten schließen Bündnisse mit der Opposition, die dann den Durchbruch zu einem neuen, demokratischen Regime ermöglichen. Die Konsolidierungsphase setzt die Ausschaltung der verbliebenen Hardliner voraus sowie den Aufbau von Institutionen zur Stützung der neuen demokratischen Ordnung. Das Modell stützte sich anfänglich auf die Erfahrungen in Südeuropa und Lateinamerika, lässt sich jedoch auch auf bestimmte osteuropäische Länder anwenden.[83]

Die Veröffentlichungen dieser Theoretiker demokratischer Übergänge bieten keineswegs eine umfassende Theorie der politischen Entwicklung. Dazu ist sie zu spezifisch auf bestimmte Regionen der Welt abgerichtet. Sie kann beispielsweise die Frage nicht beantworten, warum in manchen Gesellschaften gemäßigte Politiker auftreten und in anderen nicht, warum manche Gesellschaften bereit sind, einen Übergang durch Verhandlungen zu bewerkstelligen, statt die bisherigen Machthaber gewaltsam zu stürzen, und warum manche Gesellschaften in der Lage sind, eine Mehrparteiendemokratie zu entwickeln, während andere von den alten Eliten beherrscht bleiben. Bei den Theoretikern demokratischer Übergänge finden wir zudem eine fragwürdige unausgesprochene Annahme: Sie glauben, dass langfristig die Entwicklung in eine demokratische Richtung gehen müsse.[84] Thomas Carothers hat dagegen festgestellt, dass viele der so genannten Übergangsgesellschaften sich möglicherweise überhaupt nicht in Richtung einer Demokratie bewegen, sondern sich durchaus damit begnügen können, in einer Grauzone zwischen einer autoritären und einer demokratischen Regierungsform zu verharren.

Fairerweise muss man zugeben, dass Demokratisierungsrhetorik häufiger von Politikern und Praktikern gebraucht wird als von wissenschaftlichen Analytikern. Es lässt sich eben keine zwangsläufige Entwicklung hin zu einer politischen Demokratie eindeutig feststellen. Folgerichtig gibt es keine kohärente Theorie der politischen Entwicklung. Allerdings lassen sich drei Prozesse bestimmen. Erstens besteht zwischen wirtschaftlicher Entwicklung und Demokratie ein eindeutiger Zusammenhang. Transformationsprozesse geschehen zwar unabhängig vom Entwicklungsniveau eines Landes, sie werden jedoch seltener in Ländern wieder rückgängig gemacht, in denen das Bruttoinlandsprodukt (BIP) eine Schwelle von 6000 Dollar pro Kopf der Bevölkerung erreicht oder überschritten hat. Das erklärt die Korrelation zwischen wirtschaftlicher Entwicklung und Demokratie, die Lipset als Erster beobachtet hat, und legt den Schluss nahe, dass eine politische Entwicklung eine erfolgreiche wirtschaftliche Entwicklung zur Voraussetzung hat.[85]

Diese plausible und allgemein anerkannte Theorie erklärt jedoch nicht, wie es zu einer politischen Entwicklung in sehr armen Ländern kommt, bei denen das BIP pro Kopf der Bevölkerung beträchtlich unter 6000 Dollar liegt. Wenn wir die Neue Institutionenlehre aus der Wirtschaftswissenschaft ernst nehmen, haben wir sogar einen Widerspruch: In Ländern, bei denen die Schwelle von 6000 Dollar überwunden ist, führt die wirtschaftliche Entwicklung zu einer politischen Entwicklung, doch in Ländern, die weit darunter liegen, führt die politische Entwicklung zu einer wirtschaftlichen Entwicklung. Es gibt keine Theorie, auf welche Weise und warum es auch in sehr armen Ländern zu einer politischen Entwicklung kommen kann.

Ein zweiter Mechanismus, der eine politische Entwicklung antreibt, ist eine Form evolutionärer Konkurrenz: Gesellschaften beobachten sich gegenseitig, ahmen sich nach und übernehmen Institutionen, die versprechen, wirtschaftliche Entwicklung oder soziale Gerechtigkeit zu fördern.[86] Der Historiker Charles Tilly hat diesen Mechanismus in seinem Buch über europäische Staatenbildung nachverfolgt. Auch aus anderen Teilen der Welt kennen wir Beispiele dafür, dass Konkurrenz eine politische Entwicklung angetrieben hat: Die Japaner starteten Mitte des 19. Jahrhunderts ein Sofortprogramm der Modernisierung, um ihre politische Unabhängigkeit zu wahren, nachdem Commodore Perry mit vier amerikanischen Kanonenbooten die Japaner zur Öffnung eines Hafens zum Handel mit den USA gezwungen hatte. Dagegen gibt es Gesellschaften, die entweder nicht einsehen, dass sie zurückgefallen sind, oder die Ursachen für ihre fehlende Entwicklung falsch deuten und deshalb nicht in der Lage sind, über eine längere Periode hinweg erfolgreiche konkurrierende Modelle nachzuahmen. In Teilen der Welt wie in Schwarzafrika haben endemische Gewalt und militärische Konkurrenz nicht zu einer Staatenbildung wie in Europa geführt, sondern zu Chaos und sozialem Zusammenbruch.[87]

Ein weiterer und letzter Mechanismus einer politischen Entwicklung liegt im Reich der Ideen. Dieses Reich – daran besteht kein Zweifel – wird heute von der liberalen Demokratie beherrscht.[88] Schwache autoritäre Herrscher sind gezwungen, der Demokratie zumindest rhetorisch Tribut zu zollen. Auch wenn ihre Macht tatsächlich auf Patronage, Verwandtschaft, ethnischer Zugehörigkeit oder anderen partikularen Prinzipien beruht, müssen sie sich mit dem Versprechen eines demokratischen Übergangs legitimieren. Zwar haben Herrscher wie Turkmenistans Nijasow oder Weißrusslands Lukaschenko nicht wirklich die Absicht, ihre Länder zu demokratisieren, doch ihre Herrschaft ist fragil, da ihre Regimes sich auf kein herrschendes Ideengebäude stützen, das der Bevölkerung Loyalität einflößen oder der Herrschaft eine Gestalt geben könnte.

Doch auch wenn es gegenwärtig keine große Theorie der politischen Entwicklung gibt, so verfügen wir doch über eine Fülle von angesammelten praktischen Erfahrungen im Hinblick auf politische Entwicklungsstrategien. Unter Politikwissenschaftlern kam es in den beiden vergangenen Jahrzehnten zu einer allgemeinen Wiederbelebung des Institutionalismus, bei dem der Staat nicht mehr als ein passives Objekt gesellschaftlicher Ansprüche, sondern als ein aktiver Gestalter angesehen wird.[89] Das hat zu einer umfangreichen und relativ anspruchsvollen Literatur über Institutionenplanung geführt, die sich mit Fragen befasst wie den jeweiligen Vor- und Nachteilen von präsidialen gegenüber parlamentarischen Systemen oder den Vor- und Nachteilen verschiedener Föderalismusmodelle. Darüber hinaus gibt es eine wachsende Forschung über die Demokratieverbreitung selbst, das heißt über die Frage, welche Strategien und politischen Programme bei der Förderung einer demokratischen Entwicklung in autoritär regierten oder in Übergangsgesellschaften anscheinend besonders erfolgversprechend sind.[90]

Die amerikanische Erfahrung in Demokratieverbreitung und politischer Entwicklung

Die beste Möglichkeit, Chancen und Grenzen von Strategien zur Verbreitung der Demokratie zu untersuchen, besteht darin, auf historische Bemühungen zurückzublicken, die von den Vereinigten Staaten unternommen wurden, entweder Projekte des Nation-Building voranzutreiben oder demokratische Übergänge in souveränen Staaten zu fördern. Dabei stellt man fest, dass die Ergebnisse beim Nation-Building sehr uneinheitlich sind: Es gibt eine sehr große Zahl von Fehlschlägen und einige wenige Erfolge, und wo Erfolge zu verzeichnen waren, da erforderten sie ein außergewöhnliches Maß an Einsatz und Aufmerksamkeit. Gleichwohl haben die Vereinigten Staaten häufig bei der Förderung des Übergangs zur Demokratie in der Dritten Welle als »ehrlicher Makler« eine wichtige Rolle gespielt. Die USA und die internationale Gemeinschaft haben im Lauf der letzten drei Jahrzehnte gemeinsam eine eindrucksvolle Sammlung an politischen Werkzeugen zur Unterstützung eines demokratischen Regimewechsels entwickelt. In praktisch jedem Fall muss der entscheidende Anstoß für einen Regimewechsel aus der jeweiligen Gesellschaft heraus und nicht durch Druck von außen erfolgen. Die Vereinigten Staaten können einen organischen Prozess des demokratischen Übergangs hervorragend unterstützen, haben jedoch wenige Möglichkeiten, wenn es in dem betreffenden Land keine relativ starken Akteure gibt, die den Prozess in die Hand nehmen.

Vor dem Irakkrieg erklärten Präsident Bush und andere Mitglieder der Regierung, dass die Vereinigten Staaten mit Erfolg andere aggressive Diktaturen demokratisiert hätten, insbesondere Deutschland und Japan, in denen Amerika »keine Besatzungsarmee zurückgelassen« habe, sondern »Verfassungen und Parlamente«. Das entsprach sicherlich der Wahrheit, doch die Beispiele waren ziemlich irreführend. Deutschland und Japan wurden zweifellos nach 1945 in Modelldemokratien überführt, doch sie begannen als hochentwickelte Länder mit einem starken Staat, dessen Kern den Krieg größtenteils unversehrt überlebt hatte. Sie waren außerdem vollständig besiegte Gesellschaften, die sich nun entschieden gegen die politischen Kräfte wandten, von denen sie in den Krieg geführt worden waren.[91]

Für einen Vergleich geeigneter wären die amerikanischen Erfahrungen mit den Philippinen, mit den zahlreichen Interventionen in der Karibik und Lateinamerika infolge der Monroedoktrin oder der Intervention in Bosnien. Die Vereinigten Staaten regierten die Philippinen fast fünfzig Jahre lang, und dennoch war die Erfolgsbilanz der Demokratie nach der Unabhängigkeit bis 1986 ziemlich dürftig, und die Inseln bleiben einer der am wenigsten erfolgreichen ASEAN-Staaten im Hinblick auf ihre Wirtschaftsentwicklung. Die Vereinigten Staaten intervenierten mehrmals in Kuba, Nicaragua, der Dominikanischen

Republik und Haiti, ohne dass es ihnen gelungen wäre, in einem einzigen dieser Länder starke demokratische Institutionen zurückzulassen. Die Intervention in Bosnien war insofern erfolgreich, als sie den Konflikt beendete und Bosnien auf dem Vorkriegsniveau seiner Wirtschaftstätigkeit wiederherstellte, doch dies erforderte erhebliche Ressourcen und ein hohes Maß an internationaler Beteiligung. Entscheidender war jedoch, dass der zugrunde liegende Konflikt nicht gelöst werden konnte, was bedeutet, dass das Land auf unabsehbare Zeit ein internationales Protektorat bleiben wird.[92]

Die jüngste Erfahrung Amerikas im Irak verdeutlicht, dass ein demokratischer Regimewechsel auf dem Weg einer militärischen Intervention und Besatzung extrem teuer und ungewiss ist. Aller Wahrscheinlichkeit nach wird es kein Instrument sein, das in der Zukunft regelmäßig benutzt werden wird. Dagegen haben die Vereinigten Staaten und andere entwickelte Demokratien eine wichtige und in manchen Fällen entscheidende Rolle bei der Unterstützung vieler demokratischer Übergänge gespielt, die sich seit den frühen siebziger Jahren vollzogen haben. Sie alle waren das Ergebnis einer »Soft Power«, das heißt, sie wurden durch Instrumente wie diplomatischen Druck oder Finanzierung demokratiefreundlicher Gruppen bewerkstelligt.

Eine solche politische Unterstützung einer erfolgreichen Transformation in einen demokratischen Staat leisteten erstmals deutsche Parteistiftungen – die Friedrich-Ebert- und die Konrad-Adenauer-Stiftung. Sie ließen ihren Schwesterparteien in Portugal nach dem Sturz der Diktatur Salazars materielle Unterstützung zukommen. Portugal erlebte 1974/75 eine kurze Phase eines bürgerkriegsartigen Konflikts, und fast hätte die Kommunistische Partei Portugals nach einem Putsch linker Offiziere die Macht übernommen, wären die demokratischen Parteien des Landes nicht von außen unterstützt worden.

Der Erfolg der deutschen Stiftungen bei der Unterstützung des portugiesischen Übergangs zur Demokratie war einer der Faktoren, der die Einrichtung des National Endowment for Democracy (NED) in den Vereinigten Staaten zu Beginn der achtziger Jahre angeregt hat. Während des Kalten Kriegs hatten die Vereinigten Staaten demokratische Gewerkschaften, Zeitschriften, Parteien und andere Organisationen in ihrem Kampf um Einfluss gegen die Sowjetunion mit Geldmitteln versorgt. Ein Teil dieser Hilfe erfolgte durch die CIA, und in bestimmten Fällen ging sie auch an entschieden undemokratische Gruppen. Als Ergebnis der Enthüllungen über die verdeckten Operationen der CIA in den siebziger Jahren setzte die US-Regierung den geheimdienstlichen Operationen enge Grenzen und beschloss, die Unterstützung demokratischer Bewegungen im Ausland offenzulegen. Neben dem NED bildete die USAID eine Unterbehörde »Demokratie und Entwicklung«, während das US-Außenministerium ein »Büro für Demokratie, Menschenrechte und Arbeit« einrichtete, das heute dem Undersecretary for Global Affairs untersteht.

Der amerikanische Einfluss spielte fortan bei mehreren demokratischen Übergängen eine wesentliche Rolle. Vor allem nachdem es in der zweiten Hälfte der achtziger Jahre zu einem Kurswechsel in der US-Außenpolitik gekommen war. Bislang hatte der Antikommunismus Washington dazu bewogen, eine Reihe von autoritär regierten Staaten zu unterstützen oder deren Regimes zumindest stillschweigend zu dulden.[93] Doch mit dem Tauwetter im Kalten Krieg verminderte sich das wahrgenommene Risiko einer Unterstützung demokratischer Kräfte der Linken, und die Vereinigten Staaten nutzten ihren Einfluss zunehmend dazu, Diktatoren aus ihrer Machtposition zu drängen. Mit Unterstützung der Vereinten Nationen vermittelten die USA in langen Verhandlungen eine Beendigung des Bürgerkriegs in El Salvador, und nachdem sie zunächst die Contras in Nicaragua unterstützt hatten, bewerkstelligten sie auch dort einen demokratischen Übergang.[94] Die Vereinigten Staaten waren wesentlich am Sturz des philippinischen Staatschefs Ferdinand Marcos im Jahr 1986 beteiligt. Ein Jahr später benutzten sie ihren Einfluss, um die südkoreanische Armee daran zu hindern, gegen protestierende Studenten und Gewerkschafter vorzugehen, und unterstützten die Einführung freier Abgeordnetenwahlen. 1988 entzog Washington in aller Stille General Augusto Pinochet in Chile die Unterstützung und nötigte ihn, seine Niederlage bei einer Volksabstimmung über die ihm hörige Regierung zu akzeptieren.

Bei diesen Transformationen spielte der Einsatz von amerikanischer »Hard Power« eine wichtige Rolle: Gerade die engen militärischen Beziehungen zu Ländern wie Südkorea, Taiwan oder den Philippinen gestatteten den USA auch erheblichen Einfluss auf die Politik. Auf gewaltsamem Wege erzwang man in Panama 1991 sogar einen Regimewechsel. Gleichwohl entwickelten die Vereinigten Staaten in dieser Zeit ein Arsenal von anders gearteten Werkzeugen, um demokratische Übergänge aktiver unterstützen zu können. Am wichtigsten war vermutlich die Entwicklung von Möglichkeiten, Wahlen durch den Einsatz von Wahlbeobachtern, Meinungsforschern und Journalisten zu kontrollieren. Frühe Bemühungen in den achtziger Jahren, Wahlen in Mittelamerika zu beaufsichtigen, waren noch primitiv, doch zum Ende der neunziger Jahre hatten die Vereinigten Staaten, die Vereinten Nationen und eine Reihe von Nichtregierungsorganisationen ausgeklügelte Techniken entwickelt, um festzustellen, ob Wahlen unter semiautoritären Regimes fair abgehalten wurden.[95] Das NED und eine Reihe von Nichtregierungsorganisationen leisteten wichtige Unterstützung für die Solidarność in Polen. Radiosender wie Radio Freies Europa/ Radio Liberty und Voice of America lieferten den Bevölkerungen in der kommunistischen Welt alternative Informationen über ihre eigenen Länder und die Außenwelt.

Bis zum Beginn des 21. Jahrhunderts hatte sich somit eine ausgedehnte internationale Infrastruktur gebildet, die Gesellschaften unter autoritären Regimes behilflich war, erste Schritte beim Übergang zu einer Demokratie zu gehen und demokratische Institutionen zu festigen, nachdem der Übergang eingeleitet war. Die Wirkung dieser internationalen Instrumente einer »Soft Power« zeigte sich deutlich bei den drei wichtigsten Übergängen, die in den ersten Jahren des 21. Jahrhunderts in Europa stattfanden – der Sturz Miloševićs in Serbien 2000, die Rosenrevolution in Georgien 2003 und die orange Revolution in der Ukraine 2004/05. Das Muster war in jedem dieser Fälle dasselbe: Ein korrupter oder semiautoritärer Führer hielt Wahlen ab, die manipuliert oder gefälscht waren; es kam zu spontanen Demonstrationen aus Protest gegen die amtlichen Wahlergebnisse; dann folgte eine breite Mobilisierung der Bevölkerung gegen den Führer, und schließlich wurde ein gewaltloser, demokratischer Übergang vollzogen. In jedem dieser Fälle spielte Unterstützung von außen eine Rolle. Ohne ein weit gespanntes Netz internationaler Wahlbeobachter, die schnell mobilisiert werden konnten, wäre es unmöglich gewesen, die Fälschung der Wahlergebnisse zu beweisen. Ohne von außen unterstützte unabhängige Medien wäre es unmöglich gewesen, die Massen zu mobilisieren. Ohne den langwierigen Aufbau von Organisationen der Zivilgesellschaft (CSOs), die in der Lage waren, gegen die gefälschten Wahlen zu protestieren, wäre es nicht zu Straßendemonstrationen und direkten Aktionen gekommen. In Serbien erhielten Studentengruppen wie Otpor Unterstützung von verschiedenen westlichen Organisationen, unter anderem von der NED, dem International Republican Institute und der USAID. Ukrainische CSOs, die sich in der orange Revolution engagierten, darunter der Ukrainische Jugendverband Young Rukh und die Schule für Politikanalyse der Kyiv-Mohyla Akademie, waren seit Jahren von der NED finanziell gefördert worden.

Die jüngsten Beispiele einer erfolgreichen Demokratieverbreitung haben drei charakteristische Merkmale. Erstens muss die Initiative aus der betreffenden Gesellschaft selbst kommen. Solange es im Land selbst keine starken, geeinten Gruppen mit dem Willen gibt, gegen das etablierte Regime Widerstand zu leisten, wird es keinen Regimewechsel geben. Geldgeber und Organisatoren aus dem Ausland können wesentlich dazu beitragen, diese Organisationen zu stärken, doch sie müssen in ihren eigenen Gesellschaften verwurzelt sein und können von sich aus den Zeitpunkt eines demokratischen Übergangs nicht bestimmen. Die Übergänge werden durch spezifische Ereignisse ausgelöst, etwa einen Mord oder manipulierte Wahlen, die in der Bevölkerung Empörung auslösen und die Massen mobilisieren.

Zweitens wirkt eine Unterstützung von außen nur bei semiautoritären Regimes, die sich genötigt sehen, Wahlen zu inszenieren und den zivilgesellschaftlichen Gruppen einen gewissen Spielraum zuzugestehen, um sich zu organisieren. Die Übergänge in Serbien, Georgien und in der Ukraine erfolgten nach umstrittenen Wahlen, und ohne diese hätte es keinen Anstoß dazu gegeben. Totalitäre Regimes wie das von Saddam Hussein im Irak oder in den meisten früheren kommunistischen Ländern vor 1989 wären für Aktionen dieser Art nicht anfällig gewesen.

Drittens hängt die Empfänglichkeit der demokratiefreundlichen Kräfte in einem Land für eine Unterstützung von außen und speziell eine Unterstützung der Vereinigten Staaten weitgehend von der besonderen Geschichte des Landes und der Ausprägung seines Nationalismus ab. Die meisten osteuropäischen Länder, die nach 1989 einen Übergang zur Demokratie erlebt haben, sowie Serbien, Georgien und die Ukraine hatten Bevölkerungen, die sich in der Mehrzahl Westeuropa und der umfassenderen Gemeinschaft der entwickelten Demokratien anschließen wollten. Sie betrachteten sich nicht als gescheiterte oder gedemütigte imperiale Mächte und hatten keine Vorbehalte gegenüber den Vereinigten Staaten; soweit sie von irgendeiner Seite bedroht wurden, war es der russische Nationalismus. Dasselbe kann man nicht unbedingt von Ländern wie Russland und China behaupten, die ihre eigenen Erinnerungen an Dominanz und Hegemonie haben; oder von der arabischen Welt, die in der Frage nach der Art ihrer zukünftigen Gesellschaften und ihrer Beziehung zu dem von den USA angeführten Westen tief gespalten ist.

Neue Ansätze der Entwicklungstheorie

Entwicklungspolitik, sowohl wirtschaftliche als auch politische, war seit jeher ein Stiefkind in der amerikanischen Außenpolitik. Die US-Außenpolitik konzentrierte sich in ihren Aktivitäten darauf, Kriege zu führen, Bedrohungen auszugleichen oder Abkommen zu schließen. Das Thema

Entwicklung kam immer erst als eine Art Aufräumarbeit ins Spiel, die erledigt wurde, nachdem die »eigentlichen« Akteure die Bühne verlassen hatten. Während des Kalten Kriegs und zur Blütezeit der klassischen Modernisierungstheorie wurde Entwicklung etwas ernster genommen: Man verstand sie als ein Mittel, die Bevölkerungen gegen die Verlockungen des Kommunismus zu immunisieren, eine Methode, Bündnisse zu stabilisieren und den amerikanischen Einfluss überall in der Welt zu verankern. Doch mit schwindendem Selbstvertrauen Washingtons rückte eine offensive Entwicklungspolitik mehr und mehr in den Hintergrund. Auslandshilfe wurde von der Rechten als Werbegeschenk an korrupte Staatsoberhäupter im Ausland kritisiert. Die US-Behörde für internationale Entwicklung wurde dem State Department unterstellt, ihr Budget drastisch beschnitten, und sie war gezwungen, ihr Personal zunehmend abzubauen. Als die Clinton-Regierung in Haiti und auf dem Balkan aus überwiegend humanitären Zwecken intervenierte, wurde sie angegriffen, weil sie die US-Außenpolitik zu »Sozialarbeit« herabwürdige.[96]

Nach dem 11. September und dem Irakkrieg gewann Entwicklungspolitik einen Teil ihres verlorenen Ansehens zurück. Zunächst sah man in ihr eine Möglichkeit zur Bekämpfung des Terrorismus, ein Mittel zur »Trockenlegung des Sumpfs«, in dem die Erbitterung und die Entfremdung der Muslime gediehen waren. Die Bush-Regierung sah in ihrem ersten Haushaltsentwurf nach dem 11. September eine Verdopplung des Betrags für Auslandshilfe vor sowie eine Erhöhung des amerikanischen Beitrags zur Bekämpfung von Aids in Afrika. Angesichts der Schwierigkeiten bei der Befriedung des Irak erkannte sie, dass der Wiederaufbau mindestens so bedeutend wie der Krieg war und dass er zudem seine eigenen Erfordernisse und Gesetze hatte. Mit Bushs zweitem Amtsantritt wurde sogar die politische Seite der Entwicklung – die Verbreitung der Demokratie – zumindest rhetorisch zum zentralen Ziel der US-Außenpolitik aufgewertet.

Die Vereinigten Staaten sollten Entwicklung als zentralen Bestandteil ihrer Außenpolitik ernst nehmen, sie sollten sich aber davor hüten, überzogene Erwartungen zu wecken oder gar Visionen zu formulieren, die zwangsläufig enttäuscht werden. Das bedeutet, Ziele klar zu definieren und nüchtern zu untersuchen, welche Instrumente uns zur Verfügung stehen, um sie zu erreichen.

Hinsichtlich der politischen Entwicklung sollten die USA sich die Förderung einer guten Regierung und nicht nur eine Demokratie zum Ziel setzen. Wie bereits gesagt, ist politische Entwicklung eine Oberkategorie der Demokratieverbreitung. Sie umfasst Dinge wie den Aufbau von Staaten und die Schaffung effektiver Institutionen, die Voraussetzungen einer demokratischen Regierung sind, ohne in jedem Fall selbst demokratisch zu sein. Rechtsstaatliche Institutionen sind für ein wirtschaftliches Wachstum wichtiger als politische Teilhaberechte, und die Modernisierung eines autoritären Regimes ist in bestimmten Fällen einer schwachen Demokratie vorzuziehen.[97]

Der vorläufige Verzicht auf eine Demokratie zugunsten einer liberalen autoritären Regierung mag seine theoretischen Vorzüge haben, eine hilfreiche allgemeine Strategie ist er nicht. Liberale autoritäre Herrscher sind zunächst einmal äußerst selten; die meisten Diktatoren in Entwicklungsländern sind unfähig, ein Wachstum in Gang zu bringen, und obendrein korrupt. Reformer, die eine liberale Rechtsstaatlichkeit fördern wollen, haben in aller Regel auch eine Demokratie zum Ziel. Aber hier wirkt ein tieferer Zusammenhang. Eine gute Regierungsführung ist letztlich nicht möglich ohne Demokratie und politische

Teilhabe: Die Qualität eines Beamtenapparats, der vor einer öffentlichen Aufsicht und Überprüfung geschützt wird, verschlechtert sich mit der Zeit; der Korruption kann nur Einhalt geboten werden, wenn ihre Existenz einer breiten Öffentlichkeit ins Bewusstsein gerückt wird und wenn diese den Staatsdienern auf die Finger sehen kann. Ohne demokratische Legitimität werden autoritäre Herrscher unvermeidliche Rückschläge und Krisen nicht überstehen.

Die Vereinigten Staaten sollten die wirtschaftliche Entwicklung armer Länder nicht nur als ein selbständiges Ziel, sondern auch als Ergänzung zu ihren Bemühungen einer Demokratieverbreitung fördern, da eine Demokratie unter den Bedingungen eines wirtschaftlichen Wachstums viel leichter Fuß fassen kann. Hierfür gibt es sowohl einen moralischen als auch einen praktischen Grund. Der moralische ist ganz einfach: Es ist schlichtweg unerträglich, wenn das reichste und mächtigste Land der Menschheitsgeschichte der Not von Ländern gleichgültig gegenübersteht, denen es nicht nur an vergleichbaren Ressourcen mangelt, sondern deren Lebensstandard sich überdies unaufhaltsam verschlechtert. Wenn wir in einer Welt leben möchten, auf der viele andere unsere Werte und Institutionen teilen, dann muss auch unser Reichtum etwas gerechter verteilt werden.

Der praktische Grund hat nichts mit dem Kampf gegen den Terrorismus zu tun, sondern mit den Hintergrundbedingungen, die dem Terrorismus und anderen Bedrohungen der Weltordnung Vorschub leisten. Die NSS vom September 2002 formuliert das Problem zutreffend: »Armut macht arme Menschen nicht zu Terroristen und Mördern. Doch Armut, schwache Institutionen und Korruption können schwache Staaten für terroristische Netze und Drogenkartelle innerhalb ihrer Grenzen anfällig machen.« Die Mühen, die die USA für Entwicklung aufwenden, werden überall auf der Welt wahrgenommen. Die Vereinigten Staaten werden zunehmend als isoliert, mit sich selbst beschäftigt und als an den Problemen anderer Länder nur dann interessiert wahrgenommen, wenn amerikanische Bürger in irgendeiner Weise davon mit betroffen sind. Es gibt viele mittelgroße und kleinere Länder, die sich eine solche Haltung erlauben könnten, doch für die Vereinigten Staaten geht das nicht so ohne Weiteres, wenn sie mit gutem Beispiel vorangehen und die weltweite politische Entwicklung gestalten wollen.

Wie können die Vereinigten Staaten die wirtschaftliche Entwicklung armer Länder wirklich fördern? Jeffrey Sachs hat die USA immer wieder aufgefordert, ihr Versprechen einzuhalten und 0,7 Prozent ihres Bruttosozialprodukts zur Erreichung der Millennium-Entwicklungsziele beizusteuern, was mehr als das Dreifache der gegenwärtigen Ausgaben ausmachen würde. Die USA liegen auf der Rangliste der 22 OECD-Länder mit 0,17 Prozent auf dem letzten Platz; selbst wenn man die privaten Spenden zu diesem Betrag hinzurechnet, kämen die USA nur um einen Platz höher.[98]

Doch bevor der amerikanische Kongress seine Ausgaben für Entwicklungshilfe erhöht, muss er davon überzeugt sein, dass für das Geld tatsächlich etwas Nützliches getan wird, mit anderen Worten, dass die Armen in den Entwicklungsländern auch wirklich etwas davon haben. Es gibt manches, das man mit Geld kaufen kann, anderes wiederum nicht. Antiretrovirale Medikamente gegen Aids, die auch für Personen erhältlich sind, die nicht mehr als einen Dollar am Tag verdienen, Forschung und Entwicklung auf dem Gebiet von Medikamenten zur Malariabekämpfung, Moskitonetze und Ähnliches, das alles sind teure Güter, die von privaten Märkten nicht von sich aus angeboten werden und für die Hilfsgelder aus dem Ausland gut angelegt wären.

Möglicherweise jedoch werden diese Medikamente ihre vorgesehenen Empfänger nicht erreichen, oder vielleicht werden sie nicht in der erforderlichen Weise verabreicht, wenn es kein gut ausgebautes Gesundheitswesen in den betreffenden Ländern gibt, keine systematische Grundschul- und weiterführende Bildung und keine institutionalisierten Bemühungen, den Spendenfluss nicht versiegen zu lassen. Wie oft kommt es vor, dass die Hilfsgelder die Personen, für die sie gedacht sind, gar nicht erreichen, weil die Beamten an Ort und Stelle korrupt oder inkompetent sind. Das führt dann dazu, dass Hilfsorganisationen im Ausland versuchen, die benötigten Güter und Dienstleistungen den Bedürftigen direkt zukommen zu lassen, indem sie die jeweiligen Regierungen und ihre Behörden umgehen. Das beschleunigt zwar die Hilfslieferungen, hat jedoch langfristig den Effekt, dass die Behörden der Empfängerländer qualifiziertes Personal verlieren, da die Beamten wesentlich besser bezahlte Stellen im Dienst der Spenden- und Nichtregierungsorganisationen übernehmen. Wird die Auslandshilfe über die Regierungen der Empfängerländer geleitet, so wird sie häufig für politische Zwecke genutzt (zum Beispiel durch die Bevorzugung bestimmter ethnischer Gruppen oder Clans) oder sie führt dazu, dass lokale Märkte verzerrt und im Gleichgewicht gestört werden.[99]

Konservative Kritiker der traditionellen Auslandshilfe haben mit ihrer Kritik leider in mancher Hinsicht Recht: Große Summen von Steuergeldern, die für arme Menschen in Entwicklungsländern bestimmt waren, landeten in den Händen von Unternehmen der entwickelten Welt oder bei lokalen Beamten. Manches Geld wanderte auf eines der berühmten Schweizer Bankkonten und wurde anschließend für den Kauf von Gütern verwendet, die von vornherein zerstörerischen Zwecken dienten wie beispielsweise Waffen. Wenn die Vereinigten Staaten tatsächlich so viel Geld für Entwicklungshilfe ausgäben, wie Sachs es anmahnt, bestände das reale Risiko, dass lokale Kapazität gar nicht erst genutzt und die langfristigen Entwicklungsaussichten der Menschen, denen geholfen werden sollte, sogar verschlechtert würden.

Es spricht vieles dafür, dass die Vereinigten Staaten nicht nur die politische, sondern auch die wirtschaftliche Entwicklung auf der Welt großzügiger unterstützen sollten. Doch sie müssen in der Verwendung dieses Geldes selektiv vorgehen und ihre Bemühungen darauf konzentrieren, in den armen Ländern stärkere Institutionen und Regierungen aufzubauen. Eine langfristige Orientierung auf Institutionen und Politik würde angesichts der Konvergenz von wirtschaftlichen und politischen Entwicklungsprogrammen zwei Zielen gleichzeitig dienen. Rechtsstaatliche Institutionen sind ganz entscheidend für die Schaffung eines Klimas, das zu Investitionen anregt und einem wirtschaftlichen Wachstum förderlich ist; sie sind zudem die Eckpfeiler einer liberalen Demokratie. Die Eindämmung des »Rent-seeking«* und des Klientelwesens, die Sicherstellung, dass öffentliche Gelder für öffentliche Güter und nicht für Patronage ausgegeben werden, und die Bekämpfung von Korruption dienen gleichzeitig der Entwicklung und der Legitimierung demokratischer Staatswesen.

Seit den achtziger Jahren haben sich internationale Finanzinstitutionen wie der IWF und die Weltbank darum bemüht, Kredite an Strukturanpassungsprogramme zu

---

* In der Volkswirtschaftslehre versteht man unter »Rent-seeking« beziehungsweise politischer Rente das Erkämpfen von Monopolstellungen unter Verwendung von Ressourcen, die aus gesellschaftlicher Sicht verschwendet werden.

knüpfen. Auf diese Weise sollte künstlich eine Nachfrage nach liberalen Reformen stimuliert werden. Mit dem Mittel der Konditionalität hat man zwar gewisse wirtschaftliche Reformen fördern können, doch im Hinblick auf eine langfristige institutionelle Entwicklung in Bereichen wie der Einführung rechtsstaatlicher Institutionen und der Bekämpfung der Korruption war man nicht übermäßig erfolgreich. Zinssätze lassen sich schnell erhöhen oder senken – institutionelle Reformen dagegen erfordern eine Verlagerung der Machtverteilung zwischen politischen Akteuren, die häufig fest verankerte Interessen bedrohen. Externe Anreize müssen dann sehr stark sein, und grundsätzlich können sie nur wirksam werden, wenn es einheimische politische Akteure gibt, die ihre eigenen Gründe für die Unterstützung solcher Reformen haben.

Es gibt eine Reihe von Gründen, warum eine Konditionalität bei Krediten für strukturelle Anpassung nur selten eine ausreichende Nachfrage nach institutionellen Reformen erzeugt. Erstens ist die Konditionalität in der Regel mit einer Vorleistung verbunden: Das Geld wird auf eine Zusicherung hin ausbezahlt, dass die gestellten Bedingungen erfüllt werden, und ist keine Belohnung für eine erbrachte Leistung. Zweitens ist das Urteil darüber, ob die Bedingungen erfüllt worden sind, beeinflussbar. Nicht übersehen darf man, dass die internationalen Finanzinstitutionen eigene Anreize haben, ihre Klienten mit Krediten zu versorgen – ob die Bedingungen nun erfüllt werden oder nicht. Drittens hat die Vielzahl potentieller Kreditgeber in der Vergangenheit dazu geführt, dass selbst dann, wenn einer der Kreditgeber ein Schuldnerland »abschoss«, sogleich ein anderer für ihn einsprang. Nachteilig ist schließlich, dass die Gläubiger selbst lange Listen von zuweilen widersprüchlichen Bedingungen aufstellen, die häufig den politischen und wirtschaftlichen Verhältnissen des betreffenden Landes nicht gerecht werden. Empfängerländer, die sich tatsächlich bemühen, die gestellten Bedingungen zu erfüllen, lösen damit häufig soziale Unruhen und Rückschläge aus, wodurch der gesamte Reformprozess gefährdet wird oder in einem von den Gebern aufgenötigten Papierkrieg stecken bleibt.

Einer der erfolgreichsten Mechanismen für eine institutionelle Reform waren die Beitrittsbedingungen der EU, die die institutionelle Landschaft in Osteuropa und darüber hinaus verändert haben. Der Grund für diesen Erfolg ist der, dass der EU-Beitritt eine Form der Konditionalität ist, die viele der Fallstricke vermeidet, die mit Krediten für eine strukturelle Anpassung verbunden sind: Eine Mitgliedschaft in der EU ist mit einem sehr weitgehenden politischen und wirtschaftlichen Anreiz für Reformen verbunden; hier werden keinerlei Vorleistungen erbracht, die Anwärter werden erst belohnt, nachdem die Reformen abgeschlossen sind; und die Beitrittskriterien sind relativ transparent und schwer aufzuweichen. Die Initiative liegt zudem stets bei den Ländern, die der EU beitreten wollen; wenn sie nicht den politischen Willen zu einem Beitritt haben, werden sie von keiner fremden Macht dazu genötigt.

Der Entwicklungshilfefonds »Millennium Challenge Account« (MCA) der Bush-Regierung war ursprünglich dazu gedacht, die Beschränkungen der Kreditvergabe an Strukturanpassungsprogramme zu lockern.[100] Er spezifizierte, woran man eine Reform erkennen könne, und legte eine bestimmte Anzahl von Mindestbedingungen für die Regierung fest, die erfüllt sein mussten, um in den Genuss des Hilfsprogramms zu gelangen. Das »Basismodell« für Hilfsprogramme machte es zweckmäßigerweise den Empfängerländern zur Aufgabe, die Vorschläge für konkrete Hilfe selbst zu entwickeln, so dass nicht mehr die Hilfsorganisationen für sie darüber befinden mussten, was am nötigsten sei.

Der Ansatz des MCA ist innovativ, die Umsetzung in die Praxis durch die Bush-Regierung lässt allerdings noch viel zu wünschen übrig. Als der Fonds erstmals im März 2002 angekündigt wurde, schlug die Regierung ein jährliches Budget von fünf Milliarden Dollar vor, was praktisch dem Doppelten der Mittel entsprach, die der offiziellen amerikanischen Entwicklungshilfe für die armen Länder zur Verfügung standen. Im Jahr 2005 bewilligte der Kongress jedoch lediglich 1,75 Milliarden Dollar. Bis zum Beginn ihrer zweiten Amtszeit hatte die Regierung noch keinen einzigen Kredit vergeben und war lediglich bereit, zwei Länder, Honduras und Madagaskar, für anspruchsberechtigt zu erklären. (Inzwischen sind Kap Verde und Nicaragua hinzugekommen.) Kritiker erhoben zudem den Vorwurf, dass die Kriterien für die Regierungsführung so gewählt worden waren, dass die einzigen Länder, die sich schließlich für einen Kredit qualifizieren würden, die Hilfe nicht benötigten, weil sie bereits eine gute Regierung hatten.

Der andere problematische Aspekt des MCA war der, dass sie als eine neue Behörde konzipiert war, rein amerikanisch und nur mit amerikanischem Kapital finanziert. Da eine der großen Schwachstellen der Auslandshilfe in dem Mangel an einer Koordination der Geber bestand, blieb unklar, ob der MCA der bereits bestehenden Kakophonie der Geberstimmen lediglich ein weiteres Bündel an bürokratischen Bedingungen hinzufügen würde. Ebenso unklar war das Verhältnis des MCA gegenüber den übrigen Aktivitäten der US-Regierung auf verwandten Gebieten, genauer gesagt, ob er die laufende Tätigkeit von USAID ergänzen oder schließlich an deren Stelle treten sollte.

Eine Lehre, die wir mit Sicherheit aus der Geschichte einer erfolgreichen Entwicklung im späten 20. Jahrhundert ziehen können – von Südkorea und Taiwan bis zu Botswana und Uganda –, besteht darin, dass Institutionen nur dann ins Leben gerufen werden, wenn es eine starke Nachfrage danach im Land selbst gibt. Schlechte Regierungsführung, schwache Institutionen, politische Korruption und Patronage existieren, weil bestimmte mächtige politische Akteure ein starkes Interesse an einer Aufrechterhaltung des Status quo haben. Solange im Inneren der Gesellschaft nicht ein politischer Wille erzeugt werden kann, diese Akteure auszuschalten, ist ein äußerer Druck allein in der Regel nicht ausreichend, dieses Ziel zu erreichen.

In vielen Entwicklungsländern geschehen wirkungsvolle institutionelle Reformen, die selbst gut informierte Beobachter aus dem Ausland nicht bemerken. Landesweite Wahlen in Mexiko zum Beispiel wurden lange Zeit schamlos vom regierenden PRI (Partido Revolucionario Institucional; Partei der Institutionalisierten Revolution) manipuliert, der bis in die frühen neunziger Jahre die mexikanische Politik im Würgegriff hatte. Im Jahr 1996 reformierte der Staat seine Wahlaufsichtsbehörde, das Instituto Federal Electoral (IFE), das seitdem politische Bildungskurse für Wähler veranstaltet und Parteien zu Geldbußen verurteilt, wenn sie gegen die Bestimmungen der Wahlkampffinanzierung verstoßen. Heute ist das IFE eine Großorganisation mit 13 000 Angestellten und Zweigbüros in jedem mexikanischen Bundesstaat und jeder Großstadt, und die die mexikanischen Wahlen auf Bundesebene sind mindestens ebenso korrekt wie die in den Vereinigten Staaten. Das alles haben die Mexikaner selbst erreicht, mit relativ geringer Hilfe von Wahlfachleuten aus dem Ausland.

Eine Reform der amerikanischen Soft-Power-Institutionen

Wenn die Vereinigten Staaten eine wirtschaftliche und politische Entwicklung fördern sollen, dann müssen sie nicht nur das Entwicklungsproblem um die Frage der Institutionen neu durchdenken, sondern auch jene amerikanischen Ministerien und Behörden neu ordnen, deren Aufgabe es ist, Entwicklung zu fördern und die amerikanische »Soft Power« zur Geltung zu bringen. Joseph Nye hat diesen Begriff geprägt, um die Fähigkeit zu bezeichnen, außenpolitische Ziele nicht durch militärischen und wirtschaftlichen Zwang zu erreichen, sondern durch die Anziehungskraft der eigenen Werte und Institutionen.[101] Diese Definition erfasst zwar nicht ganz präzise die Institutionen, um die es dabei geht; die an die Entwicklungskredite geknüpften Bedingungen der Entwicklungsorganisationen beispielsweise werden von den Empfängerländern häufig als Zwang empfunden. Trotzdem ist es ein zweckmäßiger Begriff für Behörden wie das State Department, USAID, MCA und die verschiedenen Rundfunksender und Organisationen zur Demokratieverbreitung, die dazu gedacht sind, die Weltpolitik mit nichtmilitärischen Mitteln zu gestalten.

Im Unterschied zum amerikanischen Militär, das die Jahre nach dem Vietnamkrieg dazu nutzte, sich zu einer hochmotivierten und gut geführten Institution zu mausern, waren die Soft-Power-Einrichtungen der außenpolitischen Behörden der USA vor dem 11. September finanziell unzureichend ausgestattet, demoralisiert und schlecht organisiert. Seitdem sind beträchtliche neue Mittel für diesen Bereich aufgewendet worden, doch die Ergebnisse waren weniger als zufriedenstellend, da die Probleme tiefer liegen und mit der Vorstellung einer Mission und institutioneller Kultur zu tun haben.

Nehmen wir etwa die Verbreitung der Demokratie im Nahen Osten, die von der Regierung Bush in das Zentrum ihrer Regionalpolitik gestellt wurde. Die Art und Weise, wie die US-Regierung organisatorisch auf eine Verbreitung der Demokratie vorbereitet ist, lässt viel zu wünschen übrig. Die Verantwortung ist auf ein breites Spektrum von Behörden und Organisationen verteilt. Hierzu gehören das Office of Democracy and Governance bei der USAID (sowie die Regionalbüros), das der größte Verteiler von Hilfsgeldern ist; die NED und Institute wie das National Democratic Institute (NDI) und das International Republican Institute (IRI), die unter ihrem Dach tätig sind; und schließlich die Middle East Partnership Initiative (MEPI) und das Bureau of Democracy, Human Rights and Labor (DRL) im State Department. Öffentliche Diplomatie ist ein fester Bestandteil der Demokratieverbreitung, und auch hier wird die Zuständigkeit aufgeteilt zwischen dem Undersecretary for Public Diplomacy and Public Affairs im State Department und dem Broadcasting Board of Governors, unter dem eine Fülle von separaten Einrichtungen operiert wie die Voice of America, Radio SAWA, Radio Free Liberty/Radio Europe, Alhurra, Radio Farda und andere. Es gibt keine zentrale Organisation dieser unterschiedlichen Aktivitäten, so dass vieles doppelt gemacht wurde und unkoordiniert war und die Aktivitäten sich zum Teil auch konterkarierten.

Die Probleme mit der amerikanischen Soft Power liegen tiefer als auf der Ebene einer Zersplitterung der Institutionen. Die USAID beispielsweise wurde in den neunziger Jahren dem State Department unterstellt.[102] Ihr Budget wurde vom Kongress gnadenlos an vorgegebene Zwecke gebunden wie bevorzugte Programme einzelner Kongressmitglieder. Daneben wurden bei USAID kontinuierlich Stellen abgebaut, und sie verlor einen Großteil ihrer technischen Kapazität zur Beaufsichtigung von Entwicklungsprojekten. Infolgedessen ist sie in hohem Maße auf an Gewinn orientierte Vertragspartner angewiesen, wenn sie Dienstleistungen in Entwicklungsländern anbieten will.

Die fehlende Vorstellung davon, wie sich die amerikanische Soft Power nutzbar machen lässt, zeigte sich überdeutlich während des Wiederaufbaus des Irak. Die Vereinigten Staaten waren an einer Vielzahl von Nation-Building-Projekten beteiligt und hatten sich ganz besonders in Haiti, Somalia, Bosnien und im Kosovo engagiert. Während dieser Zeit lernten sie jedoch wenig über Institutionen dazu. Die Clinton-Regierung versuchte eine gewisse Ordnung in einen chaotischen interinstitutionellen Prozess zu bringen, indem sie die Presidential Decision Directive 56 erließ, ein Dokument, das die Rollen und Aufgaben der einzelnen Institutionen während eines komplizierten Wiederaufbauprojekts nach Beendigung des Konflikts festlegte. Selbst dieses bescheidene Maß an Verbesserung wurde jedoch von der Bush-Regierung vor dem Afghanistankrieg wieder rückgängig gemacht, mit dem Ergebnis, dass die Regierung zwei umfangreiche Nation-Building-Projekte in Afghanistan und im Irak in Angriff nahm, ohne das angesammelte Wissen, das der Regierung eigentlich zur Verfügung stand, besonders heranzuziehen. Die Regierung Bush hat dann stillschweigend diese Mängel anerkannt, indem sie ein neues Büro im Außenministerium einrichtete, das eines Koordinators für Wiederaufbau und Stabilisierung, auch wenn abzuwarten bleibt, ob dies am Ende die beste institutionelle Stelle für diese Aufgabe ist.

Die offensichtlichen Schwierigkeiten, denen die Bush-Regierung im Irak gegenüberstand, haben zu einer ganzen

Reihe von Untersuchungen geführt, wie sich die US-Regierung reorganisieren ließe, um beim nächsten Mal besser gerüstet zu sein. Eine Studiengruppe vom Center for Global Development hat beispielsweise die Einrichtung eines Entwicklungsministeriums auf Kabinettebene vorgeschlagen, vergleichbar dem Department for International Development (DfID) in Großbritannien, das die amerikanischen Entwicklungsaktivitäten beaufsichtigen würde.[103] Es ist allerdings fraglich, ob der US-Kongress ernsthaft in Erwägung ziehen wird, den Status der USAID aufzuwerten, solange er nicht den Eindruck hat, dass diese Institutionen keine wirklichen Erfolge vorweisen können. Tatsächlich dürfte ein anderer und radikalerer chirurgischer Eingriff angebracht sein. Statt die USAID zu erweitern, könnte es sinnvoller sein, die wirklich effektiven Teile der Institution wie die Abteilung »Katastrophen und Wiederaufbau« herauszulösen und zu einer einzigen Behörde für Wiederaufbau zusammenzufassen und die langfristige Entwicklung an eine reorganisierte Millennium Challenge Corporation* zu delegieren.[104]

Wenn die Vereinigten Staaten wirtschaftliche und politische Entwicklung in der Weise fördern wollen, dass sie das Schwergewicht auf den Aufbau von Institutionen legen, dann müssen sie einen grundsätzlich anderen Zugang wählen. Das MCA-Modell ist in sich vernünftig, doch Washington müsste sich dazu durchringen, den Fonds ausreichend auszustatten, um Ländern einen echten Anreiz zu bieten, sich zu beteiligen. Außerdem müssten die Amerikaner lernen, Geduld zu haben. Der Aufbau von Institutionen braucht nämlich selbst unter günstigen Verhältnis-

* Die Millennium Challenge Corporation (MCC), eine Organisation der US-Regierung, fördert Wirtschaftswachstum und Armutsbekämpfung in Entwicklungsländern. MCC verwaltet die vom MCA bereitgestellten Mittel.

sen seine Zeit. Wichtig wäre auch, dass die Reform bereits irreversibel eingeleitet worden ist, bevor Länder in den Genuss von Mitteln gelangen.

Eine Neuordnung der amerikanischen Soft-Power-Institutionen hängt schließlich entscheidend davon ab, wie die US-Institutionen ihr Verhältnis zur übrigen Welt definieren sollen. Bei der Planung des MCA entschied sich die Bush-Regierung für eine neue, rein amerikanische Institution, statt zu versuchen, eine neuartige, multilaterale Institution mit anspruchsvolleren Zielen zu gründen. Diese hätte den neuartigen Ansatz des MCA übernehmen und gleichzeitig weitere Länder als Einzahler in den Fonds beteiligen sowie die Koordinierung der Geberländer in die Hand nehmen können. Die US-Regierung entschied sich gegen eine solche Institution, weil sie zum einen die Kontrolle (und den politischen Kredit) in amerikanischer Hand behalten wollte und weil sie zum anderen von multilateralen Institutionen wie etwa der Weltbank wenig hielt und der Meinung war, für die USA sei es besser, wenn keine weiteren Länder beteiligt würden.

Es steht keineswegs fest, ob diese Güterabwägung eine gute Entscheidung war. Nunmehr wurstelt der Fonds vor sich hin und gerät möglicherweise zu einer wesentlich bescheideneren Institution, als er 2002 geplant war. Statt lediglich zu versuchen, USAID wieder zu beleben, hätten die USA besser den Versuch unternommen, die Weltbank und andere multilaterale Finanzinstitutionen neu zu erfinden. Doch die Bush-Regierung hatte eine Abneigung dagegen, über neue multilaterale Institutionen nachzudenken, mit dem Ergebnis, dass sie vermutlich keine dauerhafte Struktur hinterlässt, um die Probleme der Weltordnung anzugehen. Es ist dieses institutionelle Defizit auf einer globalen Ebene, auf das ich im folgenden Kapitel eingehen werde.

6. Neue Institutionen für die Weltordnung

Der Irakkrieg machte die Grenzen einer amerikanischen »wohlwollenden und gütigen Hegemonie« sichtbar. Zugleich zeigte er die Defizite der bestehenden internationalen Institutionen und vor allem der Vereinten Nationen auf, die von den Europäern als der passende Rahmen für eine legitime internationale Aktion bevorzugt wurden. Die Vereinten Nationen konnten sich weder dazu entschließen, die Entscheidung der USA für einen Krieg zu billigen, noch konnten sie Washington davon abhalten, den Krieg zu führen. So oder so, sie scheiterten.

Die Welt von heute hat einen Mangel an internationalen Institutionen, die einem kollektiven Handeln die notwendige Legitimität verleihen könnten. Die kommende Generation wird neue Institutionen schaffen müssen, die einen besseren Ausgleich zwischen den Erfordernissen der Legitimität und der Effektivität erzielen können. In den vergangenen zweihundert Jahren politischer Evolution haben wir mit den Nationalstaaten Institutionen geschaffen, die an Regeln gebunden, verantwortlich und trotzdem ziemlich effektiv sind. Was wir nicht haben, sind adäquate Institutionen mit horizontaler Verantwortung zwischen Nationalstaaten.

Eine horizontale Verantwortung ist aus zwei Gründen besonders wichtig. Erstens hat die Globalisierung zur Folge, dass Gesellschaften sich zunehmend wirtschaftlich und kulturell gegenseitig durchdringen; technische Neuerungen oder neue Investitionen können in einer Entfernung von tausenden Kilometern zu Arbeitsplatzverlusten, neuen kulturellen Einflüssen oder Umweltschäden führen. Die Möglichkeit, dass Länder oder genauer gesagt Akteure innerhalb einzelner Länder das Leben von Menschen außerhalb des Hoheitsgebiets, innerhalb dessen sie operieren, beeinflussen, hat somit beträchtlich zugenommen.

Zweitens bedeutet das faktische Gewicht der Vereinigten Staaten auf der globalen Bühne, dass ein zwangsläufiges internationales Ungleichgewicht besteht: Die Vereinigten Staaten können viele Länder auf der Erde beeinflussen, ohne dass diese umgekehrt in der Lage wären, einen vergleichbar hohen Einfluss auf die USA auszuüben. Besonders offensichtlich wird dies im militärischen Bereich, wo die USA in einer Entfernung von 12 000 Kilometern in einem Land intervenieren und dessen Regime absetzen können. Eine solche Argumentation besteht auch in zahlreichen anderen Bereichen, wenn zum Beispiel Agrarsubventionen oder Änderungen der Zölle und Importquoten in der Wirtschaft eines Entwicklungslandes einen ganzen Erwerbszweig vernichten können. Niemand verlässt sich darauf, dass die Vereinigten Staaten so wohlwollend oder klug sind, ihren einseitigen Einfluss zum Nutzen aller übrigen einzusetzen, solange ihre Macht keinen formellen Beschränkungen unterworfen wird.

Die Existenz der Vereinten Nationen ist in gewisser Weise ein grandioses Ablenkungsmanöver, das Angehörige der Linken wie der Rechten daran hindert, sich klare Gedanken über eine Global Governance, also die politische Gestaltung des Globalisierungsprozesses, und internationale Institutionen zu machen. Die Rechte assoziiert Global Governance mit den Vereinten Nationen, und da diese sich häufig zu einer leichten Zielscheibe für die Rechten machen, können sie eine Global Governance in Bausch und Bogen ablehnen. Doch es gibt heute bereits Aspekte einer Global Governance außerhalb des Tätigkeitsbereichs der Vereinten Nationen und der mit ihnen kooperierenden Institutionen; alles, von Bankniederlassungen über Internet-Protokolle, Sicherheitsstandards und Internet-Domain-Namen wird von neuen und häufig komplexen Institutionen eingerichtet, die nicht unter die traditionellen Definitionen einer internationalen Zusammenarbeit fallen. Das alte realistische Modell internationaler Beziehungen, das die Welt ausschließlich als ein Ensemble souveräner Nationalstaaten verstand, entspricht einfach nicht mehr der Welt in ihrem heutigen Zustand und wird zukünftig nicht mehr ausreichen, um den Erfordernissen einer Legitimität und Effektivität im internationalen Handeln zu genügen.

Die amerikanische Linke und viele Europäer überschätzen dagegen die Bedeutung der Vereinten Nationen und setzen zu hohe Erwartungen in die Fähigkeit dieser Institution, die Sicherheits- und wirtschaftlichen Probleme der Welt zu lösen. Tatsächlich sind die Vereinten Nationen zwar nützlich für bestimmte Aufgaben wie die Friedenssicherung und das Nation-Building, jedoch im Hinblick auf Legitimität und Effektivität strukturell eingeschränkt. Es steht sehr in Frage, ob irgendein Reformpaket, das gegenwärtig in der Diskussion steht oder politisch machbar ist, diese Probleme lösen kann.

Eine realistische Lösung des Problems eines internationalen Vorgehens, das sowohl legitim als auch effektiv ist, wird um die Bildung neuer Institutionen und die Anpassung der bisherigen Institutionen an die neuen Gegebenheiten nicht mehr umhinkommen. Ein geeignetes Programm für die amerikanische Außenpolitik wird darin bestehen, an einer Welt mitzuarbeiten, in der es eine Vielzahl sich in ihren Aufgaben überschneidende und zum Teil konkurrierende internationale Institutionen gibt, was man als einen Multi-Multilateralismus bezeichnen könnte. In dieser Welt würden die Vereinten Nationen nicht verschwinden, doch wären sie dann nur noch eine unter mehreren Organisationen, die ein legitimes und effektives internationales Handeln fördern könnten.

Eines der Hauptprobleme der Vereinten Nationen ist die Frage der Legitimität. Sie rührt aus dem Umstand, dass die Mitgliedschaft in dieser Organisation auf einer formellen Souveränität beruht statt auf einer substanziellen Definition von Gerechtigkeit – insbesondere stellt sie an ihre Mitgliedstaaten keine praktischen Forderungen, demokratisch zu regieren oder die Menschenrechte ihrer Bürger zu achten.[105] Diese Anpassung an die Realität der Weltpolitik, wie sie zur Zeit der Gründung der UNO bestand, hat die anschließenden Aktivitäten dieses Organs in vieler Hinsicht kompromittiert.

Die ideologischen Auseinandersetzungen des Kalten Kriegs drehten sich natürlich letztlich um Grundprinzipien der Gerechtigkeit, so dass die UNO aus nahe liegenden Gründen häufig blockiert und unfähig war, Sicherheitsprobleme zu lösen. Mit dem Ende des Kalten Kriegs regten sich Hoffnungen, dass die Organisation an Effektivität gewinnen würde, da man sich einen größeren Konsens über allgemeine Prinzipien der Demokratie und der Menschenrechte versprach. Doch während die meisten UN-Mitglieder diesen Prinzipien Lippenbekenntnisse zollten, hielten sich viele nicht entfernt daran und wurden dennoch weiterhin als Mitglieder mit gutem Leumund behandelt. So war es möglich, dass Syrien 2001 den Sitz der USA in der UN-Menschenrechtskommission einnahm und zwei Jahre später Libyen folgte.

Amerikaner verweisen sehr viel häufiger als die Europäer auf das Defizit an demokratischer Legitimität in der UNO, was das beträchtlich größere Misstrauen unter Amerikanern gegenüber dieser Institution und ihr Widerstreben erklärt, sich an ihre zahlreichen Verlautbarungen zu halten. Zum Teil hängt dieses Misstrauen mit starken Differenzen zwischen den Vereinigten Staaten und Europa im Hinblick auf die Bedeutung einer demokratischen Souveränität zusammen.

Die USA hegen einen unerschütterlichen Glauben an die konstitutionelle Demokratie als die Quelle jeglicher Legitimität und an die Legitimität ihrer eigenen demokratischen Institutionen. Viele Europäer misstrauen dagegen einer Souveränität als solcher, da sie in ihr eine Quelle von Konflikten und Kriegen sehen, was auf ihre Erfahrungen mit zwei Weltkriegen in der ersten Hälfte des 20. Jahrhunderts zurückgeht. Viele europäische Länder haben sich darum bemüht, ihre staatliche Souveränität in einen Rahmen sich überschneidender Institutionen einzupassen, unter anderem die Vereinten Nationen und die Europäische Union. Somit ist es nicht verwunderlich, dass die Europäer insgesamt der UNO mehr Legitimität zuschreiben als die Amerikaner.

Eine weitere Ursache für das Misstrauen der USA gegenüber den Vereinten Nationen ist ein Nebenprodukt ihrer besonderen Beziehung zu Israel und ihrer Erfahrung, wie die UNO den israelisch-arabischen Streit im Lauf der Jahre behandelt hat. Die Generalversammlung hat zahllose Resolutionen, die von Israel wie von den Amerikanern als unausgewogen oder einseitig proarabisch betrachtet wurden, verabschiedet, darunter die besonders schändliche Resolution »Zionismus ist Rassismus« von 1975.[106] Die Europäer geben dagegen eher dem Staat Israel die Schuld an der Feindseligkeit gegen den jüdischen

Staat. In späteren Jahren haben die Vereinigten Staaten häufig ihr Veto gegen Resolutionen des Sicherheitsrats eingelegt, die sie als tendenziös gegen Israel ansahen, und sich daran gewöhnt, gegen die Mehrheitsmeinung in dieser Organisation zu stehen.

Das zweite Problem der UNO hängt mit ihrer Effizienz als eine Institution zusammen, der die Aufgabe zugedacht ist, ernsthaften Sicherheitsbedrohungen zu begegnen. Ermächtigungen zur Anwendung von Gewalt nach Artikel 51 der Charta der Vereinten Nationen müssen den Sicherheitsrat passieren. Doch der Sicherheitsrat, dessen Mitgliedschaft die Siegerkoalition des Zweiten Weltkriegs zum Ausdruck bringt, war bewusst als eine schwache Institution angelegt:

Das Vetorecht der fünf ständigen Mitglieder garantierte, dass der Sicherheitsrat nie gegen deren Interessen handeln würde. Die Kriegskoalition zerfiel natürlich während des Kalten Kriegs, und danach war der Sicherheitsrat zu keiner Zeit mehr in der Lage, sich über Reaktionen auf gravierende Sicherheitsbedrohungen zu einigen, die den Einsatz von Gewalt erfordert hätten. (Die einzige Ausnahme war Korea 1950, als die Sowjetunion aufgrund einer Fehleinschätzung den Sicherheitsrat verließ.) Mit dem Ende des Kalten Kriegs trat der Sicherheitsrat zusammen, um eine UN-Intervention gegen den Irak zu billigen, nachdem dessen Truppen in Kuwait einmarschiert waren. Doch die Organisation zog die Sache nicht bis zum Ende durch: Sie versäumte es, in den neunziger Jahren ihre eigenen Resolutionen über eine Entwaffnung des Irak durchzusetzen, und legte damit den Grundstein für die US-Intervention im Jahr 2003.

Solche Mängel in der Fähigkeit der Vereinten Nationen, den Einsatz von Gewalt zu autorisieren, um massiven Sicherheitsbedrohungen zu begegnen, bedeuten nicht, dass die Organisation keine wichtige Rolle beim Wiederaufbau und Nation-Building nach Beendigung eines Konflikts übernehmen könnte. Das hat sie im Kongo, in El Salvador, Mosambik, Slawonien (Ostkroatien), Bosnien und in anderen Regionen unter Beweis gestellt. Doch während die UN Legitimität verleihen und eine nützliche Dachorganisation für die Koordination internationaler Operationen zur Friedenssicherung und Stabilisierung sein kann, sind selbst hier ihre Grenzen deutlich sichtbar. Der umständliche Mechanismus des Sicherheitsrats bei der Entscheidungsfindung macht es sehr schwer zu entscheiden, wer der Schuldige in einem bestimmten Konflikt ist. Damit ist es auch entsprechend schwierig, vom Peace Keeping zum Peace Enforcement* überzugehen.[107] Die UNO ist keine hierarchische Organisation, die von sich aus entscheidende Maßnahmen ergreifen könnte. Sie muss zuvor einen Konsens herstellen und ist insbesondere von ihren großen Geldgebern – den USA, Europa und Japan – im Hinblick auf ihre Finanzen, Truppen und technische Unterstützung abhängig.

Im Lauf der Jahre gab es immer wieder Vorschläge, die Zusammensetzung des Weltsicherheitsrats zu ändern, um Veränderungen im internationalen Mächtegleichgewicht Rechnung zu tragen und dadurch die wahrgenommene Legitimität des Rats zu verbessern. Es ist mehr als fraglich, ob irgendeiner dieser Reformpläne funktionieren wird, solange keine größere Krise eintritt. Die bisherigen Mitglie-

---

* »Peace Keeping«, »friedenserhaltende Maßnahmen«, betreiben von den Vereinten Nationen entsandte und von den Konfliktparteien akzeptierte Blauhelme oder Blaumützen, um Abmachungen zu überwachen oder durchzusetzen. »Peace Enforcement«, »Frieden erzwingende Maßnahmen«, sind militärische UN-Aktionen gegen einen Aggressor. Solche Aktionen werden vom UN-Sicherheitsrat angeordnet.

der werden gegen jeden Vorschlag ihr Veto einlegen, der ihren gegenwärtigen Einfluss beschneiden würde, während neue Mitglieder zwangsläufig auf die Opposition anderer Bewerber stoßen werden, die ein mindestens ebenso großes Anrecht auf einen Sitz zu haben glauben. Aber selbst wenn die Mitgliedschaft des Sicherheitsrats erweitert oder verändert werden könnte, bleibt das Problem eines kollektiven Handelns weiter bestehen. Ein größerer Sicherheitsrat mit einer größeren Zahl von Mitgliedern mit Vetorecht wird unter einer noch stärkeren Lähmung leiden als heute. Doch wenn man die Abstimmungsregeln so ändern sollte, dass statt Einstimmigkeit eine qualifizierte Stimmenmehrheit ausreicht, würde möglicherweise dieser Rat eine stärkere Aktivität entfalten als allen seinen Mitgliedern lieb sein kann. Zumal die Vereinigten Staaten, die bei vielen Abstimmungen im Rat isoliert waren, werden einer Änderung der Einstimmigkeitsklausel nie zustimmen. Es ist durchaus eine Frage, ob die Welt von einer überfrachteten UNO einen Vorteil hätte, die einen massiven Einsatz von militärischer Gewalt unter Bedingungen billigen könnte, unter denen ihre Mitglieder in ihrer Meinung zur Legitimität und Klugheit einer Aktion zutiefst gespalten wären. Wahrscheinlich würde sie eine solche Aktion nur ein einziges Mal sanktionieren und sich dann in Wohlgefallen auflösen.

Wenn die Organisation der Vereinten Nationen letztlich nicht zu reformieren ist, was könnte dann an ihre Stelle treten? Wahrscheinlich keine anders geartete globale Institution, sondern eher eine Vielzahl internationaler Organisationen, die über die Macht wie auch die Legitimität verfügen, um den unterschiedlichen Herausforderungen der Weltordnung zu begegnen. Wollten wir alle unsere Eier in den Korb einer einzigen, globalen Institution legen, so wäre dies ein sicheres Mittel entweder für eine Tyrannei, falls diese Institution tatsächlich besondere Machtbefugnisse hätte, oder für Ineffizienz, wie wir sie seit langem von der gegenwärtigen UNO kennen. Die Welt ist viel zu mannigfaltig und komplex, als dass ein einzelnes globales Organ sie beaufsichtigen könnte. Wahrhaft liberale Prinzipien sprächen nicht für eine einzige, umspannende, durchsetzbare liberale Ordnung, sondern für eine Vielfalt von Institutionen und institutionellen Formen, um über ein breites Spektrum von Sicherheits-, wirtschaftlichen, Umwelt- und anderen Problemen zu wachen.

Eine Welt aus vielfach konkurrierenden und sich partiell überschneidenden internationalen Institutionen hat in den letzten Jahrzehnten bereits erste Formen angenommen – hauptsächlich im wirtschaftlichen Bereich, aber auch mit zunehmenden Konsequenzen für die Art und Weise, wie internationale politische Probleme künftig gehandhabt werden. Alle internationalen Institutionen stehen vor demselben immanenten Dilemma, vor dem die Amerikaner im Vorfeld des Irakkriegs standen: Die als legitim erachteten Institutionen (etwa die Vereinten Nationen) sind nicht übermäßig effektiv, während die effektiven (etwa die USA an der Spitze einer »Koalition der Willigen«) nicht als legitim angesehen werden. Die Nachfrage nach effektiven Institutionen besteht überall und hat ihr eigenes Angebot in Gestalt einer Vielfalt neuer Formen einer internationalen Zusammenarbeit hervorgebracht.

Die Grafik verdeutlicht dieses Kontinuum. Am einen Ende befinden sich traditionelle, auf Verträgen fußende internationale Organisationen wie die Vereinten Nationen oder die Weltbank, die dem entsprechen, woran die meisten bei dem Begriff »Multilateralismus« denken. Diese Institutionen werden von souveränen Staaten ins

Leben gerufen, die bestimmte Machtbefugnisse in formellen, vertraglichen Vereinbarungen an internationale Organisationen delegieren. Sie sind insofern transparent, als ihre Vertragsbestimmungen ausführlich verhandelt und vereinbart wurden, und sie sind insofern verantwortlich, als sie von den Staaten, die sie geschaffen haben, zur Ordnung gerufen werden können.

Am anderen Ende des Spektrums befinden sich informelle Formen der Zusammenarbeit, die häufig kein juristisches Fundament im Völkerrecht haben, an denen gelegentlich Parteien mitwirken, die nicht unmittelbar Staaten vertreten, und deren Regeln häufig flexibel, schnell vereinbart und nicht einmal immer schriftlich fixiert sind. Als Beispiel mag ein betrieblicher Verhaltenskodex dienen, der zwischen einem Textilunternehmen und einer Gruppe von Gewerkschaften oder Nichtregierungsorganisationen (NRO) vereinbart wurde, die für sich in Anspruch nehmen, die Interessen der Arbeiter dieses Unternehmens in einem Entwicklungsland zu vertreten. Ein anderes Beispiel wären unverbindliche Vereinbarungen wie der nie ratifizierte START-Vertrag, den die beteiligten Parteien eher aus normativen als aus juristischen Gründen einhalten.[108]

Im Unterschied zu formellen Rechtsinstitutionen sind solche Formen von »Soft Law« häufig undurchsichtig und werden zwischen Parteien vereinbart, die ihre Entscheidungen nicht verantworten müssen.[109] Gleichwohl greifen internationale Akteure auf eine Zusammenarbeit dieses Typs zurück, weil sie schnell, flexibel und vergleichsweise einfach zu vereinbaren ist. Der Textilfabrikant und seine nichtstaatlichen Kritiker beispielsweise hätten sich an die Welthandelsorganisation WTO wenden können, um formale Richtlinien im Hinblick auf die Behandlung von Arbeitskräften im Fall von unternehmerischen Initiativen in Entwicklungsländern zu erwirken, doch eine solche Vereinbarung wäre schwierig, wenn nicht unmöglich zu bewerkstelligen, und wenn es dennoch dazu kommen sollte, wäre sie unflexibel.

Legitimität – Effektivität
Beispiele und Typen internationaler Zusammenarbeit

Vereinte Nationen — Internationale Fernmeldeunion (ITU) — Weltbank — »Intergovernmentalism« — Internationale Organisation für Normung (ISO) — Soft Law — Bank für Internationalen Zahlungsausgleich (BIZ) — Internet Corporation for Assigned Names and Numbers (ICANN) — Koalitionen der Willigen — Betrieblicher Verhaltenskodex

←——————————————————————————→

formell	**informell**
transparent	flexibel, schnell
verantwortlich	nicht verantwortlich
legitim	geringe Legitimität
staatlich	mehrere nichtstaatliche Akteure

Zwischen diesen beiden Extremen liegt eine Fülle weiterer institutioneller Möglichkeiten. So werden beispielsweise viele internationale Normen für Produkte, von Kameras über Sperrholz bis zu Qualitätsstandards, von der Internationalen Organisation für Normierung (ISO) festgelegt, eine Organisation, die nach 1946 gegründet wurde und heute die Arbeit von über hundert Normierungsbehörden koordiniert. Die technischen Ausschüsse, Unterausschüsse und Arbeitsgruppen der ISO umfassen nicht nur amtliche Normierungsorganisationen, sondern auch Vertreter der Privatindustrie, von Verbraucher- und Wirtschaftsgruppen und anderen Parteien, die von einer vorgegebenen Norm betroffen sein können.[110]

An und für sich setzen die Normen der ISO Privatrecht und kein öffentliches Recht: Ihre Übernahme ist freiwillig, und die Organisation hat keine Möglichkeit, sie durchzusetzen. Dagegen werden ISO-Normen häufig zu öffentlichem Recht, wenn sie von Nationalstaaten oder übernationalen Organisationen wie der Europäischen Union als Grundlage eines gesetzlichen Handels übernommen werden, womit sie das Gewicht einer nationalstaatlichen Zwangsgewalt annehmen.

Außerdem gibt es einen völlig eigenen Zwischenbereich, den Anne-Marie Slaughter als »Intergovernmentalism« bezeichnet hat.[111] Dieser Begriff bezieht sich auf Vereinbarungen und Abkommen von Amtsträgern, die souveräne Staaten vertreten, doch werden sie häufig informell, auf Zwischenebenen der Bürokratien abgeschlossen, ohne dass man sie zuvor auf den höchsten Ebenen der Regierungen überprüft hätte. Die Tätigkeit solcher Netzwerke resultiert häufiger in einem »Memorandum of Understanding« (MoU), einem Abkommensprotokoll, als in einem formellen Vertrag oder Abkommen und liegt offenbar in der Mitte zwischen den beiden Extremen in der Grafik.

Mit anderen Worten, ein MoU ist legitimer, da es zwischen souveränen Staaten ausgehandelt wurde, ist jedoch weniger transparent und weniger einklagbar als eine formelle Vereinbarung.

Es gibt Hunderte, wenn nicht Tausende von Beispielen für internationale Institutionen, die heute den Raum zwischen den beiden Enden des Kontinuums füllen. Sie regulieren alles, von Bankabkommen über Kommunikationsprotokolle, Standorte von Satelliten, Lebensmittelsicherheit bis zu Bestimmungen über Umwelt- und Verbraucherschutz. In der großen Mehrzahl handelt es sich bei diesen Vereinbarungen um eine Zusammenarbeit zwischen öffentlichen und privaten Gremien, bei der Unternehmen, Handelskammern, Nichtregierungsorganisationen oder andere nichtstaatliche Akteure unmittelbar an der Formulierung internationaler Richtlinien beteiligt sind. Sie sind in der Tabelle nicht als formelle Vertragsorganisationen aufgeführt, weil solche formellen Organisationen zu langsam, umständlich und zu unflexibel sind, um jene schnellen Vereinbarungen zustande zu bringen, die in der modernen Weltwirtschaft erforderlich sind.

Wie sollen wir uns zu diesem Phänomen sich rasch vermehrender neuer Formen internationaler oder multilateraler Institutionen stellen? Die Kritik am Völkerrecht, die von Konservativen wie John Bolton und systematischer von Jeremy Rabkin vorgetragen wird, richtet sich gegen die exzessive Delegierung von Entscheidungsbefugnissen an internationale Gremien, die niemandem Rechenschaft schuldig sind, Befugnisse, die eigentlich bei den von der Verfassung vorgesehenen landeseigenen Behörden verbleiben sollten.[112] Dieses Problem besteht im Hinblick auf formelle Institutionen wie die UNO oder den Internationalen Gerichtshof, gilt jedoch in noch höherem Maße für alle informellen Institutionen und Abkommen. Der einzige taugliche Mechanismus politischer Verantwortung und einer Durchsetzung von Regeln, den es heute gibt, sind die vertikalen Säulen der Weltgesellschaft, die traditionellen Staaten. Soweit internationale Regeln nicht von Staaten gemacht werden, die unmittelbar mit anderen Staaten verhandeln, sondern von internationalen Organisationen mit schwachen oder unklaren Mechanismen der Verantwortung, oder auch im Rahmen horizontaler Verbindungen zwischen einem Sammelsurium öffentlicher und privater Akteure, wird die Demokratie überhaupt umgangen und untergraben.

Man könnte einwenden, da die meisten der neuen, oben angeführten internationalen Organisationen sich mit formalen Fragen wie der Normierung von Produkten oder mit unumstrittenen wirtschaftlichen Fragen befassen, sei das Problem ihrer demokratischen Verantwortung irrelevant. Die meisten Menschen haben kaum eine Vorstellung davon, um was es bei der ISO, dem Codex Alimentarius oder der Internationalen Zivilluftfahrtorganisation eigentlich geht, und sind ganz zufrieden, dass diese Organe ihre Arbeit außerhalb des Schweinwerferlichts der öffentlichen Prüfung verrichten. Es spielt jedoch sehr wohl eine Rolle, ob eine Organisation von der Öffentlichkeit unbeachtet tätig ist, wenn sie ein wesentliches Prinzip demokratischer Verantwortung verletzt; außerdem sind viele der Fragen, mit denen diese Organisationen sich beschäftigen, zunehmend politischer Natur.

Die ISO beispielsweise hat ihren traditionellen Tätigkeitsbereich von der Normierung von Produkten auf die Normierung von Dienstleistungen ausgeweitet. Nachdem sie in den achtziger Jahren die Normenreihe ISO 9000 zur Zertifizierung des Qualitätsmanagements von Versicherungen entwickelt hat, befasste sie sich in den neunziger Jahren mit dem Problem des Qualitätsmanagements im

Umweltschutz unter der Normenreihe ISO 14 000. Umweltschutzbestimmungen sind keine rein formale Angelegenheit; es gab heftige Auseinandersetzungen zwischen europäischen und amerikanischen Unternehmen und Interessengruppen im Hinblick darauf, wann und in welcher Form Zertifizierungen gegeben werden sollten. Desgleichen ist die scheinbar technisch-formale Frage der Lebensmittelsicherheit, die über den Codex Alimentarius geregelt wird, eine Normenreihe, die von den beiden UN-Organisationen FAO und WHO 1962 ins Leben gerufen und infolge der europäisch-amerikanischen Kontroverse über die Sicherheit genetisch veränderter Nahrungsmittel zunehmend politisiert wurde.[113]

Bei dieser Diskussion geht es nicht darum, darüber zu streiten, ob bestimmte Entscheidungen richtig oder falsch sind und gewisse Organisationen gut oder schlecht gearbeitet haben. Es geht allein um die schlichte Feststellung, dass die Welt eines Multi-Multilateralismus bereits existiert und dass die internationale Zusammenarbeit sich unter der Führung neuer institutioneller Formen vollzieht, die nicht dem traditionellen Modell formaler Verhandlungsorganisationen entsprechen, die von souveränen Staaten geschaffen wurden. Es ist kein Zufall, dass diese neuen Organisationsformen ursprünglich entstanden sind, um die technische und wirtschaftliche Zusammenarbeit zu erleichtern, da die Bedingungen globaler wirtschaftlicher Beziehungen effiziente Prozesse der Entscheidungsfindung erforderlich machten. Formale Organisationen, die auf der Grundlage von Instruktionen handeln, die aus den Kanälen verantwortlicher souveräner Staaten kommen, genügen wegen ihrer Umständlichkeit einfach nicht mehr den ökonomischen Erfordernissen der Weltwirtschaft. Wir haben einen Kompromiss akzeptiert und Legitimität, Transparenz und Verantwortlichkeit zugunsten einer effizienten Entscheidungsfindung auf dem Gebiet der Wirtschaft zurückgestellt; die schwierige Frage lautet nun, wie wir die konkurrierenden Ziele der Legitimität und Effektivität gegeneinander austarieren wollen.

Ein Beispiel aus jüngerer Zeit für dieses Erfordernis eines Ausgleichs betrifft die Art und Weise, wie Domain-Namen im Internet zugeteilt werden. Die ICANN wurde von der Clinton-Regierung 1998 als eine private Unternehmung ohne Erwerbscharakter in Kalifornien ins Leben gerufen mit der Aufgabe, so genannte Top Level Domains (Bereiche oberster Ebene mit einem Suffix wie ».com« oder ».org«) für das US-Handelsministerium zuzuteilen und zu regulieren. Das Ministerium besaß den Root-Server, der das Master Directory (Gesamtverzeichnis) aller Internetadressen enthielt. Die Organisationsform der ICANN war eigenartig für eine Organisation, die eine staatliche und sogar eine internationale Regulierungsfunktion hatte. Ursprünglich hatte sie ein fünfköpfiges Leitungsgremium, dessen Mitglieder aus der IT-Branche kamen, und ihre Kriterien für die Behandlung von Anträgen nicht nur von Nichtamerikanern, sondern auch von US-Bürgern waren undurchsichtig und mussten keiner übergeordneten Instanz gegenüber begründet werden.[114]

Die Wahl gerade dieser Organisationsform für die ICANN erklärt sich daraus, dass die meisten Fachleute in der amerikanischen IT-Industrie überzeugt waren, dass die bestehende globale Regulierungsinstitution, die normalerweise die Verantwortung für diese Aufgabe hätte übernehmen müssen, die ITU, hoffnungslos schwerfällig und bürokratisch war. Die ITU ist einer der ältesten internationalen öffentlichen Verbände, wurde 1865 gegründet und ging damit den Vereinten Nationen um fast ein Jahrhundert voraus. Sie ist eine Sonderorganisation der UNO zur Regelung und Planung der weltweiten Telekommunikation, zur Festlegung internationaler Standards und zur Förderung der Zusammenarbeit im Bereich Telekommunikation. Die ICANN dagegen hatte die Internet Engineering Task Force (IETF) zum Vorbild, die das TCP/IP-Protokoll* entwickelt hatte, ein Programm, ohne das das Internet nicht funktionieren würde. Sie hatte die lockere und informelle Struktur vieler Unternehmen in Kalifornien, die sich an der IETF beteiligten, und versuchte, deren schnellen, von unten nach oben verlaufenden Stil beim Zustandekommen von Entscheidungen nachzuahmen.[115] Wie sich herausstellte, war das einzige Problem mit der ICANN, dass sie zwar effiziente Entscheidungen traf, mit der Zeit jedoch von vielen wichtigen Interessengruppen des Internet als völlig illegitim betrachtet wurde, vor allem von Nichtamerikanern, die sich keine Vorstellung davon machen konnten, wie dieses Organ zu den Entscheidungen gelangte, von denen sie schließlich betroffen waren. Der Rechtswissenschaftler Michael Froomkin ist zum Beispiel der Meinung, dass die ICANN sowohl illegal als auch verfassungsfeindlich ist, weil sie gegen den Administrative Procedure Act aus dem Jahr 1946, dem US-amerikanischen Verwaltungsverfahrensgesetz, verstößt, wo die formalen Erfordernisse für Transparenz und Verantwortlichkeit festgelegt sind.[116] Die Legitimitätskrise der ICANN reicht so tief, dass 2005 allgemeine Forderungen laut wurden, sie völlig aufzulösen und ihre Aufgaben der ITU zu übertragen. Das wäre eine tragische Ironie, da bei einer solchen Übertragung nach formaler Legitimität mit dem Verlust eines hohen Effizienzgrades bezahlt würde.

Was aber haben obskure Gremien wie die ISO oder

* Die Bezeichnung TCP/IP-Protokoll ist ein Synonym für die Internetprotokollfamilie, eine Familie von rund 500 Netzprotokollen, die die Basis für die Kommunikation im Internet bilden.

ICANN mit den emotionalen Auseinandersetzungen über Multilateralismus und Legitimität zu schaffen, zu denen es vor dem Irakkrieg gekommen ist? Sie sind durchaus Teil desselben Problems: Auf der einen Seite stehen formelle internationale Organisationen, etwa der Weltsicherheitsrat oder die ITU, die als legitim betrachtet werden, aber völlig ineffizient sind; auf der anderen Seite finden wir Formen einer effizienten internationalen Zusammenarbeit, von der »Koalition der Willigen« bis zur ICANN, denen eine Legitimität abgesprochen wird. Eine effiziente Entscheidungsfindung erfordert zwangsläufig die Delegierung von Entscheidungsbefugnissen, aber genau das zieht Legitimationsprobleme nach sich.

Es ist sehr schwierig, eine prinzipielle Antwort auf die Frage zu finden, wie dieser notwendige Kompromiss aussehen soll. Beobachter auf der Linken fordern mehr oder weniger eine formelle Verantwortlichkeit der Vereinigten Staaten, wenn diese sich für eine Militärintervention entscheiden, akzeptieren dagegen bereitwillig die Ergebnisse einer informellen Verhandlung über einen betrieblichen Verhaltenskodex, wenn dies die einzige Möglichkeit ist, das Verhalten eines multinationalen Konzerns gegenüber seinen Arbeitskräften in Entwicklungsländern positiv zu beeinflussen. Konservative stehen dagegen den Nichtregierungsorganisationen und den informellen, partizipatorischen Institutionen wegen ihrer mangelnden Verantwortlichkeit äußerst misstrauisch gegenüber, haben jedoch nichts gegen locker strukturierte und weitgehend nicht verantwortliche Institutionen, sofern diese für einen glatten Ablauf der wirtschaftlichen Prozesse der globalen Wirtschaft sorgen. Und sie sind zweifellos nicht bereit, die Notwendigkeit einer formellen Verantwortlichkeit zuzugestehen, wenn es sich um Entscheidungen im Sicherheitsbereich handelt.

Im Bereich der Sicherheit ist ein Multi-Multilateralismus ein möglicher Ansatz zur Lösung des Problems eines kollektiven Handelns, wie es beim Irakkrieg aufgetreten ist. Da die Vereinten Nationen weder effizient noch legitimiert sind, wenn es um ernsthafte Bedrohungen der internationalen Sicherheit geht, und dies auch in Zukunft sein werden, wird eine Vielfalt von geographisch und funktional sich überschneidenden Institutionen den USA und anderen Mächten ein zweckmäßiges Handeln ermöglichen – man könnte dies einen freien Markt der internationalen Zusammenarbeit nennen. So geschah es während des Kosovokonflikts: Als ein russisches Veto im Weltsicherheitsrat es den Vereinten Nationen unmöglich machte einzugreifen, verlagerten die Vereinigten Staaten und ihre europäischen Verbündeten die Zuständigkeit auf die NATO, der die Russen nicht als Mitglied angehörten. Die NATO war zwar umständlich und wenig effizient, verschaffte der Militärintervention jedoch eine gewisse Legitimität, wozu die Vereinten Nationen nicht in der Lage waren.

Die NATO – nach dem Kalten Krieg von manchem als überflüssig erachtet – hat mit solchen Aktionen ihr Ansehen als eine Sicherheitsorganisation erhöhen können. Nachdem jüngst der Vorstoß zu einer europäischen Verfassung gescheitert ist, steigen die Aktien des nordatlantischen Bündnisses in Europa weiter. Die Euro-Gaullisten haben traditionell die NATO zugunsten der Europäischen Union kleingeredet und gehofft, dass Letztere ein Gegengewicht zum amerikanischen Einfluss würde. Doch die unerwarteten Nein-Stimmen der französischen und holländischen Wähler Mitte 2005, mit denen sie die europäische Verfassung ablehnten, haben einen weiteren Zusammenschluss der europäischen Länder auf unbestimmte Zeit vertagt. Die Bürger in diesen beiden kerneuropäischen Ländern haben den politischen Eliten offenbar zu verstehen geben wollen, dass sie einen weniger engen Zusammenschluss auf der Grundlage nationaler Souveränität und Vielfalt innerhalb der EU bevorzugen. Das eröffnet neue Möglichkeiten für eine Verstärkung der Rolle der NATO.

Die NATO hat weniger Legitimitätsprobleme als die Vereinten Nationen. Alle ihrer Mitgliedstaaten sind echte liberale Demokratien, und sie haben wesentliche Werte und Institutionen miteinander gemeinsam. Die NATO ist eine Institution, in der die Vereinigten Staaten zahlreiche Freunde haben, zumal seit sie um die neuen osteuropäischen Demokratien erweitert wurde. Sie ist zugleich eine Institution, in der Washingtons hauptsächlicher Kritiker Frankreich sich weitgehend selbst ausgeschlossen hat und in der es keine russischen und chinesischen Vetos gibt. Da die Beschlüsse der NATO einstimmig gefasst werden müssen, geht ein großer Teil ihrer Effizienz durch den Prozess der Entscheidungsfindung verloren. Wie bereits bemerkt, war die Schwerfälligkeit des NATO-Apparats im Kosovokrieg einer der Gründe, warum einige Mitglieder der Bush-Regierung sich für ein unilaterales Vorgehen aussprachen. Dessen ungeachtet hat sie unlängst eine wichtige Rolle gespielt, als sie die amerikanischen Ziele in Afghanistan und Darfur unterstützte.

Viele Neokonservative haben nach dem Irakkrieg mit Nachdruck erklärt, dass sie keine Unilateralisten aus Prinzip seien, und auf die Frage, welche multilaterale Organisation ihren Vorstellungen entspreche, die NATO angeführt. Aber das wollten sie dann doch nicht so gemeint haben: Als die NATO nicht bereit war, Bush in seinem Krieg gegen den Irak zu unterstützen, lehnten sie auch die NATO ab. Ihr Multilateralismus bedeutete also, dass die westlichen Partner den USA bedingungslos zu folgen hätten; diese Haltung ist nichts anderes als eine Form des Unilateralismus.

Wenn die Vereinigten Staaten sich ernsthaft verpflichten würden, zukünftig im Rahmen der NATO zu handeln, würden sie die Freiheit des Handelns gegen Legitimität eintauschen. Die NATO hat die Intervention in Afghanistan unterstützt, nicht jedoch die Invasion im Irak. Hätten die Vereinigten Staaten sich innerhalb der NATO einem Diskussionsprozess gestellt, dann hätten sie den zweiten Krieg nicht begonnen und wären am Ende besser dagestanden.

Als Gegenleistung für diese Bereitschaft, eine Einschränkung ihres Handlungsspielraums hinzunehmen, könnten die Vereinigten Staaten begründet eine Straffung des Entscheidungsprozesses in der NATO verlangen. In Friedenszeiten werden die Beschlüsse der NATO einstimmig gefasst. Heute, da die NATO 26 Mitgliedstaaten hat, ist es sinnvoll, nach anderen Verfahren der Entscheidungsfindung zu suchen, die auf gewichteten Stimmen oder auf einer Delegierung an einen kleineren Exekutivausschuss beruhen.

Es gibt genügend Spielraum bei der kreativen Planung neuer multilateraler Sicherheitsorganisationen. Die Sicherheit in Ostasien beispielsweise beruhte seit dem Ende des Zweiten Weltkriegs auf einem System von mehreren bilateralen Bündnissen mit Washington im Mittelpunkt. Die Bipolarität des Kalten Kriegs ist jedoch einer komplexeren Situation gewichen: Nordkorea ist zur hauptsächlichen kurzfristigen regionalen Sicherheitsbedrohung geworden; China stellt eine langfristige Bedrohung dar, kann heute jedoch gegenüber Nordkorea hilfreich sein; Südkorea hat sich Nordkorea angenähert und von den Vereinigten Staaten entfernt; und Japan bemüht sich, das Bündnis mit den USA als Gegengewicht zu China und Nordkorea zu nutzen. Gleichzeitig sind neue regionale multilaterale Institutionen entstanden wie die ASEAN plus Drei, denen die USA nicht angehören. Es gibt noch weitere Möglichkeiten für neue Zusammenschlüsse und neue Institutionen.

Die grundlegende strategische Entscheidung für die USA lautet hier, ob neue politische Strukturen China einschließen sollten oder nicht. Es wäre beispielsweise möglich, aus den Sechsergesprächen (»Six Party Talks«) über Nordkoreas Nuklearprogramm eine permanente Fünfmächteorganisation zu machen, um ein Forum nach dem Vorbild der OSZE zur Diskussion regionaler Sicherheitsfragen zu schaffen.[117] Als Alternative wäre es möglich, mit dem Aufbau einer Koalition aus demokratischen Staaten in Ostasien zu beginnen, der zunächst die Vereinigten Staaten, Japan, Australien, Neuseeland und vielleicht Indien angehören würden, anfangs als eine integrierte Wirtschaftszone und später vielleicht als ein junger Sicherheitspakt. Zum gegenwärtigen Zeitpunkt würde Japan keine neue multilaterale Organisation unter Einschluss Chinas akzeptieren, während die meisten ASEAN-Staaten gegen eine Freihandelszone ohne die VR China wären. In einer multi-multilateralen Welt könnten die Vereinigten Staaten danach streben, beide Institutionen zu schaffen, eine mit und eine ohne China. Die eine würde sich mit China arrangieren und dessen wachsenden Einfluss in der Region anerkennen; die andere wäre eine Vorkehrung gegen die Möglichkeit, dass China offen aggressive Absichten hätte.

Viele Amerikaner haben mit Recht die Vereinten Nationen kritisiert, weil in dieser Organisation zahlreiche undemokratische Staaten vertreten sind und weil sie sich zu einer Plattform gemacht haben, auf der undemokratische Staaten die Vereinigten Staaten und andere demokratische Nationen heuchlerisch wegen der unterschiedlichsten angeblichen Rechtsverstöße angreifen können. Das legt den Gedanken nahe, dass die Welt ein Bündnis aus demokratischen Staaten braucht, in der Konzeption ähnlich wie der von Immanuel Kant angeregte Völkerbund. (Kants Völkerbund erforderte im Gegensatz zu den Vereinten Nationen, dass seine Mitglieder eine republikanische Regierungsform haben sollten.) Die NATO ist eine solche Organisation, doch ihr gehören nur Demokratien in Europa und Nordamerika an.

Eine umfassendere Organisation von Demokratien existiert tatsächlich, in Form einer Staatengruppe unter der Bezeichnung »Gemeinschaft der Demokratien«, die 2000 mit Unterstützung der Clinton-Regierung in Warschau gegründet wurde. Zu ihren Mitgliedern zählen viele Staaten in Osteuropa, Lateinamerika und Ostasien, die seit den siebziger Jahren einen Übergang zur Demokratie erlebt haben. Seitdem ist jedoch die Gemeinschaft der Demokratien praktisch unsichtbar geblieben: Man hat die Organisation zwar am Leben erhalten, jedoch ohne eine klare Vorstellung von ihrem Auftrag oder ihrer konkreten Tätigkeit. Die Gemeinschaft der Demokratien hätte ihre eigene Aufgabe einer Demokratieverbreitung formulieren und Wahlbeobachter, politische Bildungsprogramme oder andere Formen einer Unterstützung entwickeln können wie die Organisation für Sicherheit und Zusammenarbeit in Europa. Doch ohne Ressourcen und ohne Interesse auf Seiten der reicheren Länder wird es dazu nicht kommen.

Hätte man der institutionellen Entwicklung der Gemeinschaft der Demokratien mehr Aufmerksamkeit gewidmet, hätte sie nach dem 11. September eine wichtige Rolle bei der Verbreitung der Demokratie im Nahen Osten spielen können. Die Bush-Regierung hat ihr eigenes Projekt einer Verbreitung der Demokratie durch den Einmarsch in den Irak und ihr anscheinendes Desinteresse an der Misere der Palästinenser in Misskredit gebracht. Während viele Menschen im Vorderen Orient verzweifelt eine demokratische Staatsform für sich wünschen, ist der Antiamerikanismus in der Region so stark, dass sich liberale Demokraten häufig genötigt sehen, sich von der Vereinigten Staaten und amerikanischer Unterstützung zu distanzieren. Wäre die Idee einer Initiative für eine umfassendere »Nahostdemokratie« von der Gemeinschaft der Demokratien statt aus Washington gekommen, wäre sie in der Region wahrscheinlich auf offenere Ohren gestoßen.

Jeremy Rabkin hat das überzeugende Argument vorgetragen, dass die Weltordnung im 21. Jahrhundert auf der Souveränität der einzelnen Staaten gegründet sein sollte, den einzigen internationalen Akteuren, die (zumindest potentiell) demokratische Legitimität mit der Fähigkeit verbinden, kodifizierte Rechtsnormen durchzusetzen. In seinen Augen ist eine internationale Zusammenarbeit legitim, sollte jedoch nur unter Bedingungen erfolgen, unter denen die Delegierung von Machtbefugnissen an eine internationale Institution präzise formuliert und begrenzt ist. Die Staaten sollten das letzte Wort haben.[118]

Dieses ziemlich traditionelle Verständnis einer Weltordnung auf der Grundlage einzelstaatlicher Souveränität hat vieles für sich. Es entstand am Ende einer langen Periode blutiger Religionskriege in Europa. Mit dem Postulat staatlicher Souveränität sollten Ambitionen gedämpft werden, den inneren Charakter eines Nachbarn ändern zu wollen. Die Doktrin der Nichteinmischung birgt jedoch eine ganze Reihe von Problemen.

Erstens ist sie unvereinbar mit einer Außenpolitik, die danach strebt, überall auf der Welt die Regierungsführung zu verbessern und die Demokratie zu verbreiten. Wie bereits gesagt, ist ein Regimewechsel durch einen Präventivkrieg keine empfehlenswerte Methode zur Unterstützung eines demokratischen Übergangs, der sich auf die innere politische Entwicklung stützen muss. Dessen ungeachtet haben die Vereinigten Staaten und andere Länder praktisch die Souveränität Serbiens, Georgiens und der Ukraine verletzt, als sie die dortigen demokratischen Bewegungen mit Geld und anderen Mitteln unterstützten. Die Achtung der traditionellen Souveränität ist eine realistische Haltung, die sich jedoch mit einem letztlich revolutionären amerikanischen außenpolitischen Programm nicht vereinbaren lässt.

Zweitens ist staatliche Souveränität im Lauf der Geschichte immer wieder in einem solchen Maße verletzt worden, dass man das formale Nichteinmischungsgebot als »organisierte Heuchelei« bezeichnen darf.[119] Staaten haben nicht nur die Souveränität anderer Staaten verletzt, sie haben auch aus freien Stücken ihre eigene Souveränität aufgegeben, wenn es ihren Zwecken diente. Die gängigsten Beispiele hierfür aus der jüngsten Geschichte sind Entwicklungsländer, die einverstanden waren, eine bestimmte Politik zu verfolgen und institutionelle Reformen durchzuführen, und dafür Kredite vom IWF oder der Weltbank erhielten. Wenn die Fähigkeit, die Geltung von Gesetzen auf dem eigenen Territorium durchzusetzen, die Grundbedingung jeder Souveränität ist, dann sind die meisten Entwicklungsländer und wahrscheinlich auch viele entwickelte Länder nicht souverän.

Staatsschwäche und Staatsversagen gehören zu den Hauptursachen der Armut in den Entwicklungsländern. Das bedeutet, dass wir vor der enormen Krise einer fehlenden Souveränität stehen. Es ist schön und gut zu erklären, eine ideale Weltordnung müsse auf einem System von Staaten aufbauen, die übereinstimmend Gesetze formulieren, verabschieden und durchsetzen sowie untereinander auf einer mehr oder weniger gleichen Ebene verkehren. Aber wir haben keine Vorstellung davon, wie die zahlreichen schwachen und auseinander brechenden Staaten in ein solches System integriert werden können. Im Umgang mit gescheiterten Staaten oder Staatsteilen wie Bosnien, Kosovo, Somalia und Afghanistan haben wir so getan, als führten externe Akteure von der Europäischen Union über die Vereinigten Staaten bis zur Weltbank die Aufsicht über ein Übergangsarrangement, an dessen Ende die volle Souveränität stehe. Doch die Aussichten, dass es wirklich dazu kommt, liegen noch in weiter Ferne.

Diese Realität hat Krasner und andere Beobachter zu dem Schluss bewogen, dass wir uns in die entgegengesetzte Richtung bewegen sollten, hin zu Modellen einer geteilten Souveränität, in denen Staaten von der internationalen Gemeinschaft eine langfristige Hilfe in Form von grundlegenden Regierungs- und Verwaltungsdienstleistungen akzeptieren, so dass eine gute Regierungsführung praktisch aus souveränen Staaten, in denen sie existiert, importiert wird.[120] Das bemerkenswerteste Beispiel für eine geteilte Souveränität aus jüngster Zeit ist die Ölpipeline zwischen Tschad und Kamerun, bei der die Regierung des Tschads sich bereit erklärte, die erwarteten Einkünfte aus dem Erdöl in einen Treuhandfonds einzuzahlen, der von der Weltbank und anderen Treuhändern verwaltet würde. Der Tschad erklärte praktisch gegenüber der internationalen Gemeinschaft, dass man nicht darauf vertrauen könne, dass er seine eigenen Öleinkünfte sinnvoll verwenden könne und Hilfe von außen benötige, um zu vermeiden, dass er in einen Sumpf aus Korruption und Rent-Seeking gezogen würde.

Die Tschad-Kamerun-Pipeline war heftig umstritten, nicht nur im Tschad, sondern auch im übrigen Afrika, wo viele überzeugt waren, dass damit ein Präzedenzfall geschaffen sei, der staatliche Souveränität aushöhle. Es dürfte außer Frage stehen, dass eine geteilte Souveränität, wenn sie jemals ein allgemeiner akzeptiertes Modell werden sollte, nur unter Bedingungen stattfinden kann, unter denen der externe Akteur, mit dem Regierungsfunktionen geteilt werden, als legitim anerkannt wird. Diese souveränen Staaten mit guter Regierungsführung müssen mit anderen Worten ihre Verwaltungs- und Staatsführungsfähigkeiten in andere souveräne Staaten exportieren, die darüber noch nicht verfügen. Doch ein legitimes Exportregime existiert gegenwärtig noch nicht und muss erst noch erfunden werden.

7. Eine andere US-Außenpolitik

Zum gegenwärtigen Zeitpunkt erscheint es sehr zweifelhaft, dass die Geschichte den Irakkrieg freundlich beurteilen wird. Mit ihrer militärischen Intervention im Irak hat die Bush-Regierung eine sich selbst erfüllende Prophezeiung geschaffen: Der Irak ist jetzt an die Stelle Afghanistans als Magnet, Ausbildungsstätte und Operationsbasis für terroristische Dschihadisten getreten. In diesem Land gibt es zahlreiche amerikanische Ziele, auf die man schießen kann. Die vor dem Krieg nur schwachen Verbindungen zwischen dem jordanischen Dschihadisten Abu Musab al-Zarqawi und den Baathisten im Irak haben sich zu einem regelrechten Bündnis ausgewachsen, getragen von der Feindschaft gegen die amerikanische Besatzung. Die Vereinigten Staaten haben noch immer die Chance, einen schiitisch dominierten demokratischen Irak zu schaffen, doch die neue Regierung wird auf Jahre hinaus sehr schwach und auf umfangreiche militärische Unterstützung durch die USA angewiesen sein. US-Verteidigungsminister Rumsfeld, der den Irak mit leichten Truppen besetzen und möglichst bald wieder verlassen wollte, hat infolge dieser Strategie das US-Militär in einen langwierigen Guerillakrieg verwickelt. Die Streitmacht aus reinen Freiwilligen, die in den Nachwehen des Vietnamkriegs aufgestellt wurde, war niemals dazu gedacht, derartige Kriege zu führen, und wird zunehmend Schwierigkeiten haben, neue Rekruten anzuwerben und die Kampfmoral hochzuhalten, je länger dieser Krieg anhält. Selbst wenn es den USA schließlich gelingen sollte, sich aus dem Land zurückzuziehen und eine stabile Demokratie zu hinterlassen, werden die Kosten dafür enorm sein: In den beiden ersten Jahren nach der Invasion haben die Vereinigten Staaten bereits mehrere hundert Milliarden Dollar ausgegeben und an die 15 000 Verletzte und Tote zu beklagen. Die Fesselung der Vereinigten Staaten im Irak begrenzt die Optionen Washingtons in anderen Weltregionen und hat die Aufmerksamkeit hoher Politiker von anderen Regionen wie Asien abgelenkt, die langfristig eine größere strategische Herausforderung für die USA darstellen werden.

Es dürfte außer Frage stehen, dass die Bush-Regierung durch einen Eckpfeiler ihrer Außenpolitik – den Präventivkrieg – einen anderen – den Regimewechsel – in Misskredit gebracht hat. Im Fall der beiden anderen Staaten in der »Achse des Bösen«, Iran und Nordkorea, hat die Regierung bereits deutlich gemacht, dass sie nicht beabsichtigt, militärische Gewalt einzusetzen, um einen Regimewechsel herbeizuführen. Das ist zum Teil eine Anerkennung der schlichten Realität: Die US-Streitkräfte sind gegenwärtig durch den Krieg im Irak zu sehr ausgelastet, um das iranische oder das nordkoreanische Nuklearwaffenprogramm zu unterbinden. Doch jenseits der operativen Grenzen hat die Regierung anscheinend eingesehen, dass sie einen enormen politischen Preis für den Irakkrieg bezahlt hat und dass ein Präventivkrieg einfach nicht das Kernstück der amerikanischen Strategie sein kann. Condoleezza Rice scheint sich eher an Colin Powell zu orientieren als an Donald Rumsfeld, und sie verfügt über einen wesentlich höheren Einfluss beim Präsidenten. Doch die Regierung wird nicht alle Probleme, die sie sich während ihrer ersten vier Jahre selbst aufgehalst hat, einfach loswerden. Die Wiederherstellung der amerikanischen Glaubwürdigkeit wird keine Sache einer besseren Public Relation sein; dazu braucht es ein neues Team und eine neue Politik.

Eine der Konsequenzen eines Scheiterns im Irak wird die Diskreditierung der gesamten neokonservativen Agenda sein und eine Wiederherstellung des Ansehens der außenpolitischen »Realisten«. Es gibt bereits eine Fülle von Büchern und Artikeln, in denen die imperialen Ambitionen Amerikas beklagt und die Absichten kritisiert werden, die Welt demokratisch umzugestalten.[121] So mancher Konservativer, der den Krieg zunächst unterstützt hat und dessen Sohn oder Tochter nun im Irak kämpft und möglicherweise stirbt, wird nach dem Debakel wieder auf eine stärker isolationistische Außenpolitik einschwenken, eine politische Position, die ihm ohnedies näher liegt.

Es wäre ein Unglück, wenn es zu dieser Reaktion käme und die Vereinigten Staaten einen weiteren Zyklus von Rückzügen durchmachen sollten wie nach Vietnam. Die USA bleiben zu groß, zu wohlhabend und einflussreich, um großen Ambitionen in der Weltpolitik jemals abzuschwören. Was wir brauchen, ist keine Rückkehr zu einem engen Realismus, sondern ein realistischer Wilsonianismus, der erkennt, dass das, was im Inneren von Staaten vor sich geht, für die Weltordnung von Bedeutung ist, und der die verfügbaren Instrumente besser auf die Verwirklichung demokratischer Ziele abstimmt. Eine solche Politik würde den idealistischen Teil der alten neokonservativen Agenda ernst nehmen, jedoch noch einmal und mit anderen Augen auf die Fragen politischer und wirtschaftlicher Entwicklung, auf internationale Institutionen und eine Fülle von Themen blicken, die von den wenigsten Konservativen gleich welcher Couleur bislang ernst genommen wurden. Was ich als realistischen Wilsonianismus bezeichnet habe, könnte man auch einen nüchternen liberalen Internationalismus nennen. Aus ihm ergeben sich folgende Schlussfolgerungen: Erstens sollten die Vereinigten Staaten auf eine multilaterale Welt hinarbeiten statt den Vereinten Nationen ein besonderes Gewicht zu geben; zweitens sollte das Ziel ihrer Außenpolitik nicht die Überwindung von Souveränität und Machtpolitik sein, sondern deren Reglementierung durch institutionelle Einschränkungen; und drittens sollte eine in realen Institutionen verankerte demokratische Legitimität den Entwurf des Systems insgesamt leiten.

Ein realistischer Wilsonianismus bedeutet zunächst einmal eine weitreichende Entmilitarisierung der US-Außenpolitik und eine Wiederbesinnung auf andere Typen des politischen Instrumentariums. Präventivkriege und Regimewechsel durch Militärintervention sollten als Möglichkeit nicht völlig ausgeschlossen werden, doch unter der Voraussetzung, dass dies sehr extreme Maßnahmen sind. Es genügt nicht zu sagen, »wir können es uns nicht leisten abzuwarten«, wenn wir es mit Schurkenstaaten zu tun haben, weil uns normalerweise keine einfachen, sauberen Optionen für die Anwendung von Gewalt zur Verfügung stehen. Die NSS sollte offiziell revidiert werden und einige klare Kriterien für die Bedingungen angeben, unter denen in unseren Augen ein Präventivkrieg legitim ist, und diese Kriterien sollten äußerst restriktiv sein.

Die Rhetorik über den angeblichen Vierten Weltkrieg und den globalen Krieg gegen den Terrorismus sollte verstummen. Wir führen Counterinsurgency-Kriege in Afghanistan und im Irak sowie gegen die internationale Bewegung der Dschihadisten, die wir gewinnen müssen. Doch die Rede vom globalen Krieg, vergleichbar den Weltkriegen und dem Kalten Krieg, ist eine maßlose Übertreibung des Problems, als lägen wir mit einem Großteil der arabischen und der muslimischen Welt in Fehde. Vor dem Irakkrieg führten wir vielleicht einen Krieg gegen höchstens ein paar tausend Menschen auf der ganzen Erde, die sich selbst als potentielle Märtyrer sahen und den Vereinigten Staaten empfindliche Schäden zufügten. Das Ausmaß des Problems hat zugenommen, da wir in ein Wespennest gestochen haben; was immer die Vorteile der ursprünglichen Intervention gewesen sein mögen, ein Abzug aus dem Irak zum gegenwärtigen Zeitpunkt, ohne dort eine starke und dauerhafte Regierung zu etablieren, würde das Land zu einem Zufluchtsort von Terroristen machen. Doch hauptsächlich wird der Kampf gegen den dschihadistischen Terrorismus in Westeuropa ausgetragen werden; in diesem werden wir Amerikaner nur eine untergeordnete Rolle spielen, denn viele der Terroristen werden europäische Staatsbürger sein. Außerhalb des Irak und Afghanistans wird der Kampf zunehmend mehr Ähnlichkeit mit einer Polizei- und Geheimdienstoperation als mit einem Krieg haben.

Die Vereinigten Staaten sollten sich der politischen und wirtschaftlichen Entwicklungsfragen annehmen und sich darum kümmern, was im Innern der Staaten auf der Welt vorgeht. Gutes Regieren, politische Verantwortlichkeit, Demokratisierung und stabile Institutionen sind die Begriffe, unter denen eine solche Entwicklungspolitik stehen sollte. Unsere Soft Power liegt in unserer Fähigkeit, zu bilden und auszubilden, mit Ratschlägen und häufig auch mit Geld Unterstützung zu leisten. Dabei gilt die Regel: Außenseiter sind fast nie diejenigen, die den Prozess antreiben. Es sind in der Regel Personen aus den Gesellschaften selbst – manchmal eine kleine Elite, manchmal die größere Zivilgesellschaft –, die eine Nachfrage nach Reformen und Institutionen wecken und die oberste Verantwortung für die Ergebnisse übernehmen müssen. Das erfordert einen langen Atem, während Institutionen errichtet, Organisationen gegründet, Koalitionen gebildet werden, Normen sich ändern und die Bedingungen für einen demokratischen Wandel heranreifen. Dieser Prozess kann manchmal von der Anwendung von »Hard Power« profitieren wie auf dem Balkan, aber jede derartige Anwendung sollte nur von lokalen Akteuren angeregte und getragene Entwicklungen aktiv unterstützen.

Die Bush-Regierung hatte zu Beginn ihrer zweiten Amtszeit zumindest rhetorisch ihre Prioritäten in der Nahostpolitik verändert: Immer weniger war von Stabilität die Rede, immer öfter von Demokratie. Selbst Verbündeten wie Ägypten und Saudi-Arabien wurde bedeutet, Reformen durchführen zu müssen. Die neue Außenministerin Rice hat ziemlich deutlich betont, dass die amerikanische Regierung sogar das Risiko eingehe, dass extremistische Kräfte durch freie Wahlen an die Macht kämen.[122] Das ist ein begrüßenswerter Wandel.

Dabei gilt es zu bedenken: Eine Demokratisierung des Nahen Ostens ist für sich allein schon wünschenswert *und nicht, weil es unser Problem mit dem Terrorismus lösen wird*. Wenn Olivier Roys Analyse des Dschihadismus richtig ist, dann liegt das Zentrum des Terrorismusproblems in Westeuropa und nicht im Nahen Osten, und der Terrorismus ist ein Nebenprodukt von Globalisierung und Migration. Selbst wenn Ägypten und Saudi-Arabien über Nacht zu stabilen Demokratien würden, hätten wir noch immer auf Jahre hinaus ein Terrorismusproblem.

Außerdem sollten wir uns nichts vormachen über die voraussichtlichen kurzfristigen Kosten, die eine Demokratisierung des Nahen Ostens mit sich bringen würde. Ein Übergang nach türkischer Art zu einer säkularen Demokratie auf der Grundlage westlicher Modelle ist in den meisten Teilen Arabiens äußerst unwahrscheinlich. Mehr Demokratie wird erreicht werden durch die Beteiligung islamistischer Gruppen in einer pluralistischen Ordnung. Viele dieser Gruppen stehen der Demokratie distanziert gegenüber. Die meisten von ihnen möchten sich zwar an Wahlen beteiligen, die meisten von ihnen sind aber ganz und gar nicht liberal, und einige wie die Hamas in Gaza oder die Hisbollah im Libanon sind terroristische Organisationen. Wir können nur hoffen, dass sie sich eines Tages zu staatstragenden Parteien mausern und bereit sein werden, den Pluralismus als Prinzip zu akzeptieren.[123]

Auch wenn politische Reformen in der arabischen Welt wünschenswert sind, stehen die Vereinigten Staaten vorläufig vor einem großen Problem: Sie haben so gut wie keine Glaubwürdigkeit oder moralische Autorität in der Region. Das vorherrschende Bild der USA ist hier nicht die Freiheitsstatue, es sind die Bilder aus dem Gefängnis Abu Ghraib, auf denen zu sehen ist, wie Gefangene misshandelt und gedemütigt werden; prowestliche liberale Reformer sehen sich genötigt, sich von den USA zu distanzieren, und werden angegriffen, weil sie Spenden von Organisationen wie der NED angenommen haben. Diese Situation wird hoffentlich nicht von Dauer sein, aber sie kann bedeuten, dass ein von Washington ausgeübter Druck in Richtung auf demokratische Regimewechsel gegenwärtig das Gegenteil des Angestrebten erreicht. Das macht deutlich, wie wichtig es ist, zur Förderung von Demokratie und Reformen alternative internationale Institutionen zu haben wie jener Gemeinschaft der Demokratien, die sich von Washington ein ganzes Stück distanzieren können.

Was die Bush-Regierung und ihre neokonservativen Anhänger nicht sehen wollten oder konnten war die Tatsache, dass eine asymmetrische, unipolare Welt, wie sie nach dem Kalten Krieg entstanden ist, starke neue antiamerikanische

Strömungen geschürt hat. Das Wissen um solche Bewegungen hätte die Regierung nicht dazu nötigen müssen, dem Gebrauch amerikanischer Macht abzuschwören, wohl aber weitaus vorsichtiger damit umzugehen, mehr auf Soft Power zu setzen und subtilere und indirektere Möglichkeiten zur Gestaltung der Welt zu suchen.

Die amerikanische Macht bleibt wichtig für die Weltordnung; die Vereinigten Staaten sind mehr als eine Riesenversion Schwedens oder der Schweiz auf der Weltbühne. Doch die amerikanische Macht ist häufig dann am wirkungsvollsten, wenn sie nicht gesehen wird. Die US-Streitkräfte in Ostasien und das amerikanisch-japanische Bündnis ermöglichen es Japan, ein relativ schwaches Militär zu unterhalten. Somit ist Japan nicht auf eine Remilitarisierung angewiesen, die wiederum für China, Korea und andere Staaten in Asien bedrohlich wäre. Da die USA über große Streitkräfte und vor allem die Technologie, Beweglichkeit und die logistischen Netze verfügen, die es ihnen ermöglichen, sie überall auf der Welt einzusetzen, halten die USA die Mächte mittlerer Größe davon ab, ihre Regionen militärisch zu beherrschen.

Die amerikanische Macht ist häufig nützlicher, wenn sie nur latent ist. Trotz der Tatsache, dass die Vereinigten Staaten für ihr Militär etwa so viel ausgeben wie der Rest der Welt zusammen, hat der Irakkrieg gezeigt, dass die Effektivität des US-Militärs deutliche Grenzen hat. Es ist nicht gut darauf vorbereitet, anhaltende Aufstände zu bekämpfen; die Belastungen des Irakkriegs haben das Pentagon bereits gezwungen, die Fähigkeit der USA in Frage zu stellen, gleichzeitig zwei regionale Kriege zu führen.

Das historische Modell, das uns leiten sollte, ist nicht die Politik von Henry Kissingers Vorbild, dem realistischem Österreicher Fürst Metternich, sondern die des großen deutschen Kanzlers Otto von Bismarck. Bismarck hatte zwei Kriege geführt, gegen Österreich und gegen Frankreich, um Deutschland zu vereinigen und ihm eine dominante Rolle in Mitteleuropa zu sichern. Doch nachdem er das 1871 erreicht hatte, war er sich darüber im Klaren, dass Deutschlands Hauptaufgabe nunmehr darin bestehe, seine eingeschüchterten und missgünstigen Nachbarn davon zu überzeugen, dass Deutschland ein saturiertes Reich sei. Sein oberstes Ziel war es, die Bildung feindlicher Koalitionen zu vermeiden, die offen danach streben würden, sich der deutschen Macht entgegenzustellen. Seine brillante Diplomatie nach 1871 erreichte dies durch Initiativen wie den Rückversicherungsvertrag oder die Berliner Konferenz. Seine Nachfolger sahen jedoch keine Notwendigkeit darin, die anderen Großmächte zu beschwichtigen statt einzuschüchtern: Sie setzten auf den Flottenbau. Das Ergebnis war die Bildung einer »Tripelentente« zwischen Frankreich, England und Russland, womit die Bühne für den Ersten Weltkrieg bereitet war.

Die Vereinigten Staaten werden Frankreich und Deutschland nicht dazu provozieren, eine feindliche Militärkoalition zu bilden, aber sie haben dafür gesorgt, dass unter den normalerweise zerstrittenen Europäern eine weitgehende Einigkeit darin besteht, dass der verantwortungslose Gebrauch amerikanischer Macht eines der Hauptprobleme der gegenwärtigen internationalen Politik ist. Das hat bereits zu einer Reaktion geführt, die man als »Soft Balancing« bezeichnet hat: Frankreich und Deutschland haben nämlich versucht, amerikanische Initiativen politisch zu blockieren, oder sie haben ihre Mitarbeit verweigert, als sie darum ersucht wurden. Desgleichen haben die asiatischen Länder sich aktiv darum bemüht, regionale multilaterale Organisationen zu bilden, da Washington bei ihnen den Eindruck erweckt hat, es interessiere sich nicht besonders für ihre Bedürfnisse. Hugo Chavez in Venezuela hat die Öleinkünfte des Landes dafür eingesetzt, Länder in den Anden und in der Karibik aus der amerikanischen Einflusssphäre herauszulösen, während Russland und China zusammenarbeiten, um die Vereinigten Staaten nach und nach aus Zentralasien hinauszudrängen.

Die Vereinigten Staaten können es nicht vermeiden, angesichts ihrer faktischen Macht Angst und Missgunst auszulösen, so wenig wie dies dem Deutschen Reich unter Bismarck möglich war. Aber sie können sich darum bemühen, diese Reaktionen auf ein Mindestmaß zu beschränken, indem sie bewusst nach Mitteln und Wegen suchen, andere ihre Dominanz nicht zu sehr spüren zu lassen. Die Bush-Regierung hat jedoch genau das Gegenteil getan: Sie hat nicht nur einen, sondern zwei Kriege als Reaktion auf den 11. September angefangen. Sie befürchtete, nicht für glaubwürdig gehalten zu werden, wenn sie es bei der Intervention in Afghanistan belassen hätte; so verkündete sie eine Doktrin des Regimewechsels und des Präventivkriegs ohne zeitliches Limit; sie zog sich aus einer Reihe internationaler Institutionen zurück oder kritisierte sie, und sie beanspruchte unausgesprochen einen amerikanischen Exzeptionalismus in ihrem selbst angemaßten Drang, die Welt »wohlwollend und gütig« zu ordnen.

Der klügste Weg, die amerikanische Macht zum gegenwärtigen Zeitpunkt geltend zu machen, ist kein militärischer. Gefragt wäre die Fähigkeit der USA, internationale Institutionen zu gestalten wie schon in den Jahren unmittelbar nach dem Zweiten Weltkrieg.[124] Die Neokonservativen hatten Recht mit ihrer Erkenntnis, dass die Ideale Amerikas häufig auf einer Linie mit seinen Eigeninteressen liegen, sahen jedoch nicht, dass diese Kongruenz in den meisten Fällen der Fähigkeit der USA zu verdanken war, dauerhafte politische Systeme zu bilden, über die sie eine langfristige Zusammenarbeit mit ähnlich gesinnten

Nationen erreichen konnten. Das Defizit an funktionierenden internationalen Institutionen macht sich in den Nachwehen des Irakkriegs deutlich bemerkbar.

Institutionen, die in der Zeit nach dem 11. September eine gestaltende Funktion in der Weltordnung einnehmen wollen, bedürfen zweier Dinge, die häufig miteinander unvereinbar sind: Macht und Legitimität. Macht ist notwendig, um Drohungen nicht nur von Schurkenstaaten, sondern auch von den neuen nichtstaatlichen Akteuren zu begegnen, die in der Zukunft möglicherweise Massenvernichtungswaffen einsetzen. Sie muss schnell und entschlossen eingesetzt werden können; ihr Gebrauch kann in manchen Fällen die Verletzung einer nationalen Souveränität notwendig und in einigen Fällen auch einen Präventivkrieg erforderlich machen.

Internationale Legitimität setzt dagegen die Einschaltung von internationalen Institutionen voraus, die zwangsläufig langsam, unflexibel und aufgrund ihrer Bürokratie schwerfällig arbeiten. Legitimität beruht letztlich auf Zustimmung, die ihrerseits ein Nebenprodukt eines langwierigen Prozesses der Diplomatie und Überzeugung ist. Internationale Institutionen helfen, eine solche Zustimmung zu gewinnen, doch selbst unter günstigsten Umständen reagieren sie langsamer, als die Sicherheit es erfordert.

Es ist fraglich, ob wir jemals in der Lage sein werden, wirklich demokratische Institutionen zu schaffen, zumal wenn sie wie die Vereinten Nationen danach streben, möglichst alle Staaten der Erde zu vertreten. Die Europäische Union hatte zum Ziel, ein übernationales demokratisches Gebilde auf einem Kontinent zu schaffen, der im Großen und Ganzen eine gemeinsame Zivilisation und eine gemeinsame Geschichte aufweist, und ist im Hinblick auf Legitimität und Effektivität auf immer größere Probleme gestoßen, je weiter ihre Erweiterung voranschritt.

Doch während eine echte Demokratie mit all ihren Institutionen wie Wahlen, Rechtswesen, hoheitlicher Gewalt der Exekutive und Gewaltenteilung in einem internationalen Maßstab offenbar schwer zu verwirklichen ist, könnte ein bescheideneres Ziel demokratischer Verantwortlichkeit im internationalen Maßstab eher zu verwirklichen sein. Der Grund hierfür ist einfach der, dass nach dem Ende des Kalten Kriegs eine wesentlich größere Zahl von Ländern demokratisch ist als früher. Während sich die internationale Zusammenarbeit auf absehbare Zeit hinaus weiterhin auf souveräne Staaten stützen muss, wird das allgemeine Verlangen nach Legitimität und der Wahrung von Menschenrechten die Überzeugungskraft des Arguments schwächen, souveräne Staaten, inklusive der Vereinigten Staaten, seien gegenüber anderen Staaten weder verantwortlich noch rechenschaftspflichtig.

Man könnte die Frage stellen, warum die Vereinigten Staaten den Wunsch haben sollten, sich ohne Not zu binden, da sie sich auf dem Gipfel ihrer Macht befinden. Internationale Institutionen dienen den Liliputanern der Welt, die sonst keine andere Möglichkeit haben, Gulliver zu fesseln. Amerika ist souverän, nicht nur über sein eigenes Territorium, sondern auch über einen Großteil der übrigen Welt – warum sollte es das ändern?[125] Das war bereits die Frage, die die Athener den Meliern in dem berühmten Dialog von Thukydides gestellt haben.

Die amerikanische Geschichte selbst lehrt uns, dass die Vereinigten Staaten schlecht beraten wären, eigenmächtig zu handeln. Der französische Autor Pierre Hassner – er hat übrigens bei Leo Strauss studiert – hat bemerkt, dass die Amerikaner bei ihren eigenen Institutionen an ein System der Teilung und gegenseitigen Kontrolle der politischen Gewalten glauben. Sie stehen einer konzentrierten Macht misstrauisch gegenüber, selbst wenn diese gute

Absichten hat und demokratisch legitimiert ist.[126] Doch in der unipolaren Welt nach dem Kalten Krieg, so Hassner, hätten sie unkritisch eine amerikanische Hegemonie befürwortet und von der übrigen Welt verlangt: »Vertraut uns!« Wenn unkontrollierte Macht in einem Land auf die Dauer den Charakter verdirbt, warum sollte dies nicht auch auf der internationalen Ebene geschehen?

Man könnte einwenden, die Fehler der Bush-Regierung während ihrer ersten Amtszeit seien durch Fehlurteile und Fehlhandlungen und nicht durch falsche Prinzipien und Denkgewohnheiten verursacht worden. Wie auch immer: Die Tatsache, dass diese Fehler von der einzigen Supermacht der Welt begangen wurden, legt die verhängnisvolle Schwachstelle im Innersten einer Weltordnung bloß, die auf der wohlwollenden Hegemonie der USA beruht. Gute Absichten genügen nicht, wenn der Hegemon im Gebrauch seiner Macht nicht umsichtig und klug ist. Es war nicht Condoleezza Rice, sondern Bill Clintons Außenministerin Madeleine Albright, die einmal behauptete, dass die Amerikaner die Führung innehätten, weil sie »weiter sehen« könnten als andere. Wenn das in jeder Situation zuträfe, würde die Welt dem Urteil und den Wünschen der Vereinigten Staaten wenn auch zähneknirschend den Vortritt lassen. Wenn sie jedoch weniger weit sehen sollten, dann stehen unserer unipolaren Welt harte Zeiten bevor.

Abkürzungen

ASEAN	Association of South-East Asian Nations
BIP	Bruttoinlandsprodukt
BIZ	Bank für Internationalen Zahlungsausgleich
CCNY	City College New York
CIA	Central Intelligence Agency
CSO	Civil Society Organization
DDR	Deutsche Demokratische Republik
DfID	Department for International Development
DRL	Bureau of Democracy, Human Rights and Labor
ETA	Euskadi Te Askatasuna
GATT	General Agreement on Tariffs and Trade
ICANN	Internet Corporation for Assigned Names
IETF	Internet Engineering Task Force
IFE	Instituto Federal Electoral
IRA	Irish Republican Army
IRI	International Republican Institute
ISG	Iraq Survey Group
ISO	International Organization for Standardization, Internationale Organisation für Normierung
IT	Informationstechnologie
ITU	International Telecommunication Union, Internationale Fernmeldeunion
IWF	Internationaler Währungsfonds
KP	Kommunistische Partei
MAD	Mutual Assured Destruction

MCA	Millennium Challenge Account
MCC	Millennium Challenge Corporation
MEPI	Middle East Partnership Initiative
MoU	Memorandum of Understanding
NATO	North Atlantic Treaty Organization
NDI	National Democratic Institute
NED	National Endowment for Democracy
NRO	Nichtregierungsorganisationen
NSS	The National Security Strategy of the United States, Nationale Sicherheitsstrategie
OECD	Organization for Economic Cooperation and Development
PRI	Partido Revolucionario Institucional
SALT	Strategic Arms Limitation Talks
SDS	Students for a Democratic Society
START	Strategic Arms Reduction Talks
UdSSR	Union der Sozialistischen Sowjetrepubliken
UN	United Nations, Vereinte Nationen
UNO	United Nations Organization
UNSCOM	United Nations Special Commission
USA	United States of America, Vereinigte Staaten von Amerika
USAID	US-Agency for International Development, US-Agentur für internationale Entwicklung
WTO	World Trade Organization, Welthandelsorganisation

Anmerkungen

1 Die Entscheidung der Regierung geht aus dem so genannten »Downing Street Memo« hervor, das Matthew Rycroft, ein Assistent des außenpolitischen Beraters von Tony Blair, David Manning, am 23. Juli 2002 nach einem Besuch in Washington verfasst hatte, wo er sich mit Vertretern der Bush-Regierung beraten hatte.

2 Walter Russell Mead, »The Jacksonian Tradition and American Foreign Policy«, *The National Interest*, 58 (1999), S. 5–29.

3 Elizabeth Drew, zit. in Joshua Muravchik, »The Neoconservative Cabal«; Howard Dean, zit. in Adam Wolfson, »Conservatives and Neoconservatives«, in: Irwin Stelzer (Hg.), *The Neocon Reader*, New York 2005, S. 243 und 216; Mary Wakefield, *The Daily Telegraph*, 9. Januar 2004.

4 David Brooks, »The Neocon Cabal and Other Fantasies«, in: Stelzer, *The Neocon Reader*; Max Boot, »Myths about Neoconservatism«, in: Stelzer, *The Neocon Reader*.

5 Irving Kristol, *Reflections of a Neoconservative. Looking Back, Looking Ahead*, New York 1983; ders., *Neoconservatism. The Autobiography of an Idea*, New York 1995; Norman Podhoretz, »Neoconservatism. A Eulogy«, in: ders. (Hg.), *The Norman Podhoretz Reader*, New York 2004.

6 Alain Frachon und Daniel Vernet, *L'Amérique Messianique*, Paris 2004; James Mann, *The Rise of the Vulcans. The History of Bush's War Cabinet*, New York 2004; Murray Friedman, *Jewish Intellectuals and the Shaping of Public Policy*, New York

2005; Stefan Halper und Jonathan Clark, *America Alone. The Neo-Conservatives and the Global Order*, Cambridge 2004; Joseph Dorman, *Arguing the World. New York Intellectuals in Their Own Words*, Chicago 2001.

7 Vgl. Norman Podhoretz, *Breaking Ranks. A Political Memoir*, New York 1979; ders., *Ex-Friends*, New York 1999; ders., *My Love Affair With America*, New York 2000.

8 Nathan Glazer, *Affirmative Discrimination*, New York 1975; James Q. Wilson, *Thinking about Crime*, New York 1975; ders. und Richard Herrnstein, *Crime and Human Nature*, New York 1985; ders., *Varieties of Police Behavior; the Management of Law and Order in eight Communities*, Cambridge, Mass. 1968; James Q. Wilson und George Kelling, »Broken Windows. The Police and Neighborhood Safety«, *Atlantic Monthly*, 249 (1982), H. 3, S. 29–38.

9 Daniel P. Moynihan, *The Negro Family. A Case for National Action*, Washington, D.C. 1965; Charles Murray, *Losing Ground*, New York 1984. Viele der Prämissen dieser Kritik wurden von linken Analysten geteilt. S. hierzu William Julius Wilson, *The Truly Disadvantaged. The Inner City, the Underclass, and Public Policy*, Chicago 1988.

10 Mark Lilla, »Leo Strauss. The European«, *New York Review of Books*, 21. Oktober 2004; ders. »The Closing of the Straussian Mind«, *New York Review of Books*, 4. November 2004; Anne Norton, *Leo Strauss and the Politics of American Empire*, New Haven 2004; Shadia B. Drury, *The Political Ideas of Leo Strauss*, New York 1988; Danny Postel, »Noble Lies and perpetual war. Leo Strauss, the neocons, and Iraq«, OpenDemocracy.com, 16. Oktober 2003. Konträr zu Postel s. Mark Blitz, »Leo Strauss, the Straussians and American Foreign Policy«, OpenDemocracy.com, 13. November 2003.

11 Harry V. Jaffa, *Crisis of the House Divided. An Interpretation of the Lincoln-Douglas Debates*, Seattle 1959. Diese Themen werden weiter verfolgt in seinem Buch *A New Birth of Freedom. Abraham Lincoln and the Coming of the Civil War*, Lanham, MD 2000. S. a. Lilla, »The Closing of the Straussian Mind«.

12 Der Vortrag, auf dem später der Aufsatz »The End of History« beruhte, wurde im Bloom's John M. Olin Center an der Universität Chicago am 8. Februar 1989 im Rahmen einer Reihe mit dem Titel »The Decline of the West?« gehalten. Allan Bloom, *Der Niedergang des amerikanischen Geistes. Ein Plädoyer für die Erneuerung der westlichen Kultur*, Hamburg 1988.

13 *Plato's Staat*, Übersetzung Friedrich Schleiermacher, Leipzig 1901, S. 380 (Buch VIII, 561 c-d).

14 Leo Strauss, *Naturrecht und Geschichte*, Stuttgart 1953, S. 307–336. Zu den Gründungsvätern vgl. z. B. David F. Epstein, *The Political Theory of the Federalist*, Chicago 1984.

15 Adam Wolfson, »Conservatives and Neoconservatives«, in: Stelzer, *The Neocon Reader*, S. 225.

16 Die bei weitem wichtigste Entscheidung, die MacArthur als Oberbefehlshaber der Besatzungstruppen in Japan traf, bestand darin, den Tenno im Amt zu belassen. Es ist vielleicht kein Zufall, dass diese Entscheidung von einem Mann getroffen wurde, der seit der Zeit, als er am Aufbau der philippinischen Armee Anfang der dreißiger Jahre beteiligt war, in Asien gelebt hatte. Erst während des Koreakriegs wurde er von Präsident Truman zurückgerufen.

17 Francis Fukuyama, »The March of Equality«, *Journal of Democracy*, 11 (2000), H. 1, S. 11–17.

18 Albert Wohlstetter, Henry S. Rowen et. al., *Selection and Use of Strategic Air Bases*, Santa Monica 1954 (Veröffentl. der RAND Corporation R-266). Eine kürzere Fassung erschien unter dem Titel »The Delicate Balance of Terror« in *Foreign Affairs*, Januar 1959.

19 Henry A. Kissinger, *Großmacht Diplomatie. Von der Staatskunst Castlereaghs und Metternichs*, Düsseldorf/Wien 1962; ders., *Die Vernunft der Nationen. Über das Wesen der Außenpolitik*, Berlin 1994.

20 Wolfson, »Conservatives and Neoconservatives«.

21 William Kristol und Robert Kagan, »Toward a Neo-Reaganite Foreign Policy«, *Foreign Affairs*, 75 (1996), H. 4, S. 18

bis 32; William Kristol und Robert Kagan, *Present Dangers.*
*Crisis and Opportunity in American Foreign and Defense
Policy,* San Francisco 2000; Jeanne Kirkpatrick, »A Normal Country in a Normal Time«, *The National Interest,*
(1990), S. 40–44; Kristol und Kagan, *Present Dangers,* S. 12.

22 Boot, »Myths about Neoconservatism«.

23 Vgl. Robert Kagan, »America's Crisis of Legitimacy«,
Foreign Affairs, 83 (2004), H. 2, S. 65–87, und die anschließende Debatte zwischen ihm und Robert W. Tucker und
David C. Hendrickson: Tucker und Hendrickson, »The
Sources of American Legitimacy«, *Foreign Affairs,* 83 (2004),
H. 6; und Kagan, »A Matter of Record«, *Foreign Affairs,* 84 (2005), H. 1; Kristol und Kagan, *Present Dangers,*
S. 16 f.

24 David Brooks, »A Return to National Greatness«, *The Weekly Standard,* 3. März 1997.

25 Zu den neokonservativen Themen s. Francis Fukuyama,
»The National Prospect Symposium contribution«, *Commentary,* 100 (1995), H. 5, S. 55 f. Zur Ökonomie s. etwa Daniel Bell, *Die Zukunft der westlichen Welt. Kultur und Technologie im Widerstreit,* Frankfurt am Main 1976, und Irving
Kristol, *Two Cheers for Capitalism,* New York 1978. Dass die
neoklassische Ökonomie zur orthodoxen Ökonomie tendierte, galt nicht in jedem Fall; zu einer interessanten Kritik
der neoklassischen Ökonomie unter einem straussianischen
Aspekt s. Steven E. Rhoades, *The Economist's View of the
World. Government, Markets, and Public Policy,* Cambridge
1985.

26 S. Kiron Skinner (Hg.), *Reagan. A Life in Letters,* New York
2003. Später erkannte Reagan natürlich die Realität der von
Michail Gorbatschow bewirkten Änderungen an und verhandelte aus eigenem Antrieb mit ihm.

27 In seiner Rede vor dem American Enterprise Institute,
26. Februar 2003.

28 Zu einer umfassenden realistischen Kritik der internationalen Institutionen s. John J. Mearsheimer, »The False Pro-

mise of International Institutions«, *International Security*, 19 (1994), H. 3, S. 5–49. Zu einer multilateralen Zusammenarbeit s. Boot, »Myths about Neoconservatism«.

29 Stephen Sestanovich, »American Maximalism«, *The National Interest*, 79 (2005), S. 13–23.

30 Vgl. Michael Mandelbaum, »Coup de Grace. The End of the Soviet Union«, *Foreign Affairs*, 71 (1991), H. 1, S. 164 bis 183; ders., *The Dawn of Peace in Europe*, New York 1996.

31 Zu einer Wiederholung des Arguments in *Das Ende der Geschichte* und einer Analyse der in meinen Augen stichhaltigsten Kritiken dieses Buchs s. das Vorwort zur 2. Paperbackauflage, New York 2006.

32 Kenneth Jowitt, »Rage, Hubris, and Regime Change. The Urge to Speed History Along«, *Policy Review*, 118 (2003), H. 2, S. 33–42.

33 Kristol und Kagan, *Present Dangers*, S. 20.

34 S. hierzu Fareed Zakaria, *The Future of Freedom. Illiberal Democracy at Home and Abroad*, New York 2003; Thomas Carothers, »The End of the Transition Paradigm«, *Journal of Democracy*, 13 (2002), H. 1, S. 5–21.

35 G. John Ikenberry und Daniel Deudney, »The International Sources of Soviet Change«, *International Security*, 16 (1991), H. 3, S. 74–118.

36 Zu einem Beispiel s. Donald Kagan und Frederick W. Kagan, »Peace for Our Time?«, *Commentary*, 110 (Sept. 2000), S. 42–47.

37 Paul R. Pillar, *Terrorism and U. S. Foreign Policy*, Washington, D.C. 2001; Graham T. Allison Jr., *Nuclear Terrorism. The Ultimate Preventable Catastrophe*, New York 2004; John Mueller, »Harbinger or Aberration? A 9/11 Provocation«, *The National Interest*, 69 (2002), S. 45–50.

38 Charles Krauthammer, »In Defense of Democratic Realism«, *The National Interest*, 77 (Herbst 2004).

39 Olivier Roy, *The Failure of Political Islam*, Cambridge, Mass. 1996; Gilles Kepel, *Die neuen Kreuzzüge. Die arabische Welt*

und die Zukunft des Westens, München 2004; Olivier Roy, *Globalized Islam. The Search for a New Ummah*, New York 2004.

40 Roy, *Globalized Islam*, 1. Kapitel.

41 Ladan und Roya Boroumand, »Terror, Islam, and Democracy«, *Journal of Democracy*, 13 (2002), H. 2, S. 5–20.

42 Francis Fukuyama und Nadav Samin, »Can Any Good Come of Radical Islam?«, *Commentary*, 114 (2002), H. 2, S. 34–38.

43 UNDP, Arab Human Development Report (2002), S. 30.

44 Max Boot, »Exploiting the Palestinians. Everyone's Doing It«, *Weekly Standard*, 28. Januar 2003; Barry Rubin, »The Real Roots of Arab Anti-Americanism«, *Foreign Affairs*, 81 (2002), H. 6, S. 73–85.

45 *National Security Strategy of the United States*, Washington, D.C. 2000.

46 Begleitschreiben zur *National Security Strategy of the United States* (2002).

47 John Lewis Gaddis, *Surprise, Security, and the American Experience*, Cambridge, MA 2004.

48 S. John Lewis Gaddis, »Grand Strategy in the Second Term«, *Foreign Affairs*, 84 (2005), H. 1, S. 2–15.

49 *A More Secure World. Our Shared Responsibility.* Report of the Secretary-General's High-level Panel on Threats, Challenges, and Change, S. 63–64.

50 Anthony Eden, *Memoiren 1945–1957*, Köln 1960; Jack Snyder, *The Ideology of the Offensive. Military Decision Making and the Disaster*, Ithaca, NY 1984; Richard K. Betts, »Suicide from Fear of Death?«, *Foreign Affairs*, 82 (2003), H. 1, S. 34–43.

51 Kenneth Jowitt, »Rage, Hubris, und Regime Change. The Urge to Speed History along«, *Policy Review*, 118 (2003).

52 Roberta Wohlstetter, Pearl Harbor. Warning and Decision, Palo Alto 1965.

53 Laurie Mylroie, *Study of Revenge. Saddam Hussein's Unfinished War*, Washington, D.C. 2000; Stephen F. Hayes, *The Connection. How al Qaeda's Collaboration with Saddam Hussein*

Has Endangered America, New York 2004; Kenneth M. Pollack, *The Threatening Storm. The Case for Invading Iraq*, New York 2002.

54 Die Kommission des Präsidenten zu den geheimdienstlichen Erkenntnissen über den Irak hat darauf hingewiesen, dass unsere Kenntnisse vom iranischen und nordkoreanischen Nuklearprogramm kaum besser sind als über den Irak. S. *The Commission on the Intelligence Capabilities of the United States Regarding Weapons of Mass Destruction, Report to the President of the United States*, Washington, D.C., 31. März 2005.

55 Comprehensive Report of the Special Advisor to the DCI on Iraq's WMD, Washington, D. C., 30. Sept. 2004.

56 Vgl. Paul Wolfowitz, »Clinton's First Year«, *Foreign Affairs*, 73 (1994), H. 1, S. 28–43.

57 Zu einer Wiederholung dieser Position einige Zeit nach dem Krieg s. das Interview mit Condoleezza Rice in *The American Interest*, 1 (2005), H. 1, S. 47–57.

58 Stephen Sestanovich, »American Maximalism«, *The National Interest*, 79 (2005), S. 13–23.

59 Mancur Olson, *Die Logik des kollektiven Handelns*, Tübingen 1965.

60 1991 hielten sowohl die Franzosen als auch die Russen in den sechs Monaten bis zum Beginn des Kriegs Distanz zu den Vereinigten Staaten und schlossen sich erst in letzter Minute der Koalition an, nachdem sie den Amerikanern eine Reihe von Zugeständnissen abgerungen hatten. Der Gedanke lag nahe, dass sie dasselbe 2003 versuchen würden. S. Timothy Garton Ash, *Free World. Why a Crisis of the West Reveals the Opportunity of Our Time*, London 2004, S. 54.

61 Charles Krauthammer, »The Unipolar Moment«, *Foreign Affairs*, Winter 1990/91; s. a. ders., »The Unipolar Moment Revisited«, *The National Interest*, 70 (2002), S. 5–20; ders., »Democratic Realism. An American Foreign Policy for a Unipolar World«, Washington, D. C. (American Enterprise Institute Short Publication Series, 10. Feb. 2004).

62 Kristol und Kagan, *Present Dangers. Crisis and Opportunity in American Foreign und Defense Policy*, San Francisco 2000, S. 22 (Hervorh. F. F.).

63 Condoleezza Rice, »A Balance of Power that Favors Freedom«, Wriston Lecture am Manhattan Institute for Policy Research, New York, 1. Oktober 2002.

64 Walter Russell Mead, *Power, Terror, Peace, and War. America's Grand Strategy in a World at Risk*, New York 2004.

65 Daten vom März 2004; negative Gefühle gegenüber den Vereinigten Staaten in unterschiedlicher Stärke empfanden 93 Prozent der Befragten in Jordanien, 61 Prozent in Pakistan, 68 Prozent in Marokko und 63 Prozent in der Türkei. Pew Research Center for the People and the Press, »A Year after the Iraq War«, 16. März 2004. http://people-press.org/reports/display.php3?ReportID=206.

66 Historisch wurde der »Washington Consensus« 1990 als Antwort auf die Schuldenkrise der lateinamerikanischen Länder in den achtziger Jahren konzipiert, und zwar als eine umfangreiche Kreditaufnahme und fehlende Haushaltsdisziplin zu einem Zyklus aus Währungskrise, Abwertung, expansiver Geldpolitik zur Deckung der fiskalischen Schulden, Hyperinflation und einer erneuten Wechselkurskrise führten. Die wirtschaftspolitischen Maßnahmen, die im »Washington Consensus« dargelegt wurden, waren tatsächlich notwendig, um diesen Zyklus zu durchbrechen, und durch eine Reihe von schmerzhaften Anpassungsmaßnahmen gelang es Ländern wie Mexiko, Brasilien und Argentinien in den neunziger Jahren, ihr makroökonomisches Gleichgewicht wieder zu stabilisieren.

67 Die Geschichte in Lateinamerika ist komplizierter. Während der Aufstieg von Lula in Brasilien, Gutierrez in Ecuador, Vázquez in Uruguay und Chavez in Venezuela jeweils eine Linkswende signalisiert, haben die meisten übrigen Länder an einer relativ orthodoxen makroökonomischen Politik festgehalten. Die Krise Argentiniens hat man ungerechterweise den Vereinigten Staaten angelastet; ihre Ursachen sind

jedoch komplex und liegen weit mehr in untauglichen Institutionen und unfähigen politischen Führern des Landes.

68 Kishore Mahbubani, *Beyond the Age of Innocence. Rebuilding Trust between America and the World*, New York 2005, Kap. 1.

69 Rick Atkinson, *In the Company of Soldiers. A Chronicle of Combat*, New York 2004; Tim Russert, Interview mit Vizepräsident Dick Cheney, *Meet the Press*, NBC News, 16. März 2003.

70 Adam Garfinkle, »The Impossible Imperative? Conjuring Arab Democracy«, *The National Interest*, 69 (Herbst 2002), S. 156–167; *President Discusses the Future of Iraq*, 26. Februar 2003, Rede vor dem American Enterprise Institute, Washington, D. C., 26. Feb. 2003.

71 William Kristol und Robert Kagan, *Present Dangers. Crisis and Opportunity in American Foreign and Defense Policy*, San Francisco 2000, S. 14–17.

72 Zu einer Darstellung dieser Modelle s. Kaushik Basu, *Analytical Development Economics. The Less Developed Economy Revisited*, Cambridge, MA 1997.

73 David Ekbladh, »From Consensus to Crisis. The Postwar Career of Nation Building in U. S. Foreign Relations«, in: Francis Fukuyama (Hg.), *Nation-Building. Beyond Afghanistan and Iraq*, Baltimore 2006; Frank Sutton, »Nation-Building in the Heyday of the Classic Development Ideology. Ford Foundation Experience in the 1950 s und 1960 s«, in: Fukuyama, *Nation-Building*.

74 William R. Easterly, *The Elusive Quest for Growth. Economists' Adventures and Misadventures in the Tropics*, Cambridge, MA 2001.

75 Walt Whitman Rostow, *Stadien wirtschaftlichen Wachstums. Eine Alternative zur marxistischen Entwicklungstheorie*, Göttingen 1967.

76 Nicolas van de Walle, *African Economies and the Politics of Permanent Crisis, 1979–1999*, Cambridge 2001.

77 Zu einer Analyse staatlicher Schwäche und Staatsversagens in Afrika s. Crawford Young, *The African Colonial State in Comparative Perspective*, New Haven, CT 1997; Jeffrey Herbst,

States and Power in Africa, Princeton, NJ 2000; und William Reno, *Warlord Politics and African States*, Boulder, CO 1999. Zu einer Darstellung, auf welche Weise internationale Hilfe beispielsweise die Diktatur Siad Barres in Somalia am Leben erhielt, s. Michael Maren, *The Road to Hell. The Ravaging Effects of Foreign Aid and International Charity*, New York 1997.

78 Douglass C. North und Robert P. Thomas, »An Economic Theory of the Growth of the Western World«, *Economic History Review*, 2nd series, 28 (1970), S. 1–17; Douglass C. North, *Institutions, Institutional Change, and Economic Performance*, New York 1990. Zur Bedeutung von Institutionen s. Daron Acemoglu und James A. Robinson, *The Colonial Origins of Comparative Development. An Empirical Investigation*, Washington, D.C. 2000 (NBER Working Paper 7771), und Daron Acemoglu und James Robinson, *Economic Backwardness in Political Perspective*, Washington, D.C. 2002 (NBER Working Paper 8831). Die führende alternative Theorie der Unterentwicklung berücksichtigt die Auswirkung der Geographie auf die Entwicklung. S. Jeffrey Sachs und Andrew Warner, *Natural Resource Abundance and Economic Growth*, Washington, D.C. 1995 (NBER Working Paper 5398); Jeffrey Sachs, »Tropical Underdevelopment«, Washington, D.C. 2001 (NBER Working Paper 8119); zu einer direkten Antwort auf die institutionellen Befunde von Acemoglu und Robinsons. Jeffrey Sachs und John W. McArthur, *Institutions and Geography. Comment on Acemoglu, Johnson, and Robinson*, Cambridge, MA 2001 (NBER Working Paper 8114). S. a. Dani Rodrik und Arvind Subramanian, »The Primacy of Institutions (and what this does and does not mean)«, *Finance and Development* (2003), S. 31–34. William R. Easterly und Ross Levine, *Tropics, Germs, and Crops. How Endowments Influence Economic Development*, Cambridge, MA 2002 (NBER Working Paper 9106).

79 Francis Fukuyama und Sanjay Marwah, »Comparing East Asia and Latin America. Dimensions of Development«, *Jour-*

nal of Democracy, 11 (2000), H. 4, S. 80–94. Francis Fukuyama, *Staaten bauen. Die neue Herausforderung*, Berlin 2004.

80 Francis Fukuyama, »›Stateness‹ First«, *Journal of Democracy* 16 (2005), H. 1, S. 84–88.

81 Zu einem historischen Überblick s. Nils Gilman, *Mandarins of the Future. Modernization Theory in Cold War America*, Baltimore, MD 2003.

82 Zur Linken s. z. B. Vernon Ruttan, »What Happened to Political Development?«, *Economic Development and Cultural Change*, 39 (1991), H. 2, S. 265–292; Mark Kesselman, »Order or Movement? The Literature of Political Development as Ideology«, *World Politics* 26 (1973), S. 139–154; Ian Roxborough, »Modernization Theory Revisited: A Review Essay«, *Comparative Studies in Society und History*, 30 (1988), S. 753–761. Samuel P. Huntington, *Political Order in Changing Societies*, New Haven 1968.

83 S. das mehrbändige Werk von Philippe S. Schmitter, Guillermo O'Donnell und Laurence Whitehead, *Transitions from Authoritarian Rule*, Baltimore 1986. Zur Anwendbarkeit dieses Modells auf postkommunistische Staaten s. Valerie Bunce, »Should Transitologists Be Grounded?«, *Slavic Review*, 54 (1995), H. 1, S. 111–127, und Philippe C. Schmitter und Terry Lynn Karl, »The Conceptual Travels of Transitologists and Consolidologists. How Far to the East Should they Attempt to Go?«, *Slavic Review*, 53 (1994), H. 1, S. 172–185.

84 Thomas Carothers, »The End of the Transition Paradigm«, *Journal of Democracy*, 13 (2002), H. 1, S. 5–21.

85 Adam Przeworski und Fernando Limongi, *Democracy and Development. Political Institutions and Material Well-being in the World, 1950–1990*, Cambridge 2000; Seymour Martin Lipset, »Some Social Requisites of Democracy. Economic Development und Political Legitimacy«, *American Political Science Review*, 53 (1959), S. 69–105.

86 Der Prozess könnte in einem Nacheifern bestehen, ohne adaptiv zu sein und ohne eine allumfassende Evolution in Richtung auf eine politische Tüchtigkeit hervorzubringen;

der Wechsel zu einer Demokratie könnte mit anderen Worten eine reine Mode sein.

87 Charles Tilly, *Coercion, Capital, and European States, AD 990–1990*, Cambridge 1990; Douglass North und Arthur Denzu, »Shared Mental Models. Ideologies and Institutions«, *Kyklos*, 47 (1994), H. 1, S. 3–31.

88 Ghia Nodia, »Debating the Transition Paradigm. The Democratic Path«, *Journal of Democracy*, 13 (2002), H. 3, S. 13–19.

89 Das begann in vieler Hinsicht mit Theda Skocpol und Peter B. Evans, *Bringing the State Back In*, Cambridge, MA 1985. S. a. J. P. Nettl, »The State as a Conceptual Variable«, *World Politics*, 20 (1968), H. 4, S. 559–592; und Michael Mann, »The Autonomous Power of the State«, in: John A. Hall (Hg.), *States in History*, New York 1986; zuerst in *European Journal of Sociology*, 25 (1984), H. 2, S. 185–213.

90 Thomas Carothers, *Aiding Democracy Abroad. The Learning Curve*, Washington, D.C. 1999; ders., *Critical Mission. Essays on Democracy Promotion*, Washington, D.C. 2004.

91 *President Discusses the Future of Iraq*. Im Hinblick auf einen Regimewechsel hat nur Afghanistan unter den jüngeren Beispielen Ähnlichkeit mit Deutschland und Japan in der Entschiedenheit, mit der es die bestehende politische Ordnung vor der US-Intervention abgelehnt hat.

92 S. das Kapitel über Bosnien in James Dobbins et al., *America's Role in Nation-Building. From Germany to Iraq*, Santa Monica, CA 2003 (Rand Corp., MR-1753-RC). Gerald Knaus und Felix Martin, »Travails of the European Raj«, *Journal of Democracy*, 14 (2003), H. 3, S. 60–74.

93 Jeanne Kirkpatrick, »Dictatorships and Double Standards«, *Commentary*, 68 (1979), S. 34–45. Bis heute hält eine kontroverse Debatte an über die Rolle der Nixon-Regierung bei dem Putsch in Chile, der die Regierung Allendes zu Fall brachte.

94 Thomas Carothers, *In the Name of Democracy. U. S. Policy toward Latin America in the Reagan Years*, Berkeley, CA 1993; ders., *Aiding Democracy Abroad. The Learning Curve*, Washington, D. C. 1999.

95 Eric C. Bjornlund, *Beyond Free and Fair. Monitoring Elections and Building Democracy*, Baltimore, MD 2004.

96 Michael Mandelbaum, »Foreign Policy as Social Work«, *Foreign Affairs*, 75 (1996), H. 1, S. 16–32.

97 Fareed Zakaria, *The Future of Freedom. Illiberal Democracy at Home and Abroad*, New York 2003.

98 Die Millennium-Entwicklungsziele wurden auf dem UN-Millennium-Gipfel 2000 verabschiedet und bestehen aus acht umfassenden Zielen zur Verbesserung der Lebensverhältnisse in den armen Ländern bis zum Jahr 2015. S. Jeffrey Sachs, *Das Ende der Armut. Ein ökonomisches Programm für eine gerechte Welt*, München 2005. Carol Adelman behauptet, dass sich die privaten Spenden jährlich auf 35 Milliarden Dollar belaufen. In dieser Zahl sind jedoch private Überweisungen ins Ausland enthalten, weshalb ihre Zahl weit über der amtlichen Schätzung von USAID liegt, die 15 Milliarden Dollar beträgt. (Nach ihrer Logik müssten mexikanische und philippinische Gastarbeiter in den USA, die ihren Familien Geld schicken, ebenso wie amerikanische Eltern, die Studiengebühren für ihre Kinder bezahlen, die in Oxford studieren, als Individuen zählen, die private Entwicklungshilfe im Ausland leisten.) Carol Adelman, »The Privatization of Foreign Aid. Reassessing National Largesse«, *Foreign Affairs*, 82 (2003), H. 6.

99 S. Michael A. Clemens, Charles J. Kenny und Todd J. Moss, »The Trouble with the MDGs. Confronting Expectations of Aid and Development Success«, Washington 2004 (Center for Global Development Working Paper No. 40. 1. Mai 2004).

100 Zu einem Überblick s. Steven Radelet, *Challenging Foreign Aid. A Policymaker's Guide to the Millennium Challenge Account*, Washington, D.C. 2003 (Center for Global Development). S.a. Steven Radelet, »Bush and Foreign Aid«, *Foreign Affairs*, 82 (2003), H. 5, S.104–117.

101 Joseph S. Jr. Nye, *Soft Power. The Means to Success in World Politics*, New York 2004.

102 Zu einer frühen Geschichte von USAID s. Judith Tendler, *Inside Foreign Aid*, Baltimore 1975.

103 Jeremy M. Weinstein, John E. Porter und Stuart Eisenstadt (Hg.), *On the Brink. Weak States and U. S. National Security*, Washington, D. C. 2004.

104 Eine Umverteilung der Aufgaben von USAID in dieser Weise würde etliche Aktivitäten der Behörde zu Waisen machen wie das militärische Hilfsprogramm (EMET) und Fonds, die offensichtlich politischen Zwecken zur Unterstützung der US-Außenpolitik dienen wie die Hilfen für Ägypten und Israel. Programme dieser Art, die nicht einmal den Anschein erwecken wollen, humanitäre oder Entwicklungshilfe zu sein, sollten am besten beim State Department verbleiben. Sie aus dem allgemeinen Budget der Auslandshilfe herauszunehmen würde zudem der amerikanischen Bevölkerung eine bessere Vorstellung davon vermitteln, wie viele Dollars aus Steuergeldern tatsächlich für die Unterstützung von Entwicklungsländern verwendet werden.

105 Zu einer ausführlichen Diskussion der Legitimität des UN-Handelns s. das neue Vorwort zur Paperbackausgabe von Robert Kagan, *Of Paradise and Power. America vs. Europe in the New World Order*, New York 2004; Robert Kagan, »America's Crisis of Legitimacy«, *Foreign Affairs*, 83 (2004), H. 2, S. 65–87.

106 Daniel P. Moynihan, »The United States in Opposition«, *Commentary*, 59 (1975), H. 3.

107 James Dobbins et. al., *The UN's Role in Nation-Building. From the Congo to Iraq*, Santa Monica 2005 (The Rand Corporation, MG-304-RC); Richard K. Betts, »The Delusion of Impartial Intervention«, *Foreign Affairs*, 73 (1994), H. 6, S. 20–33.

108 Zu einem Überblick s. Virginia Haufler, *International Business Self-Regulation. The Intersection of Public und Private Interests*, Washington, D.C. 1999; dies., *A Public Role for the Private Sector. Industry Self-Regulation in a Global Economy*, Washington, D.C. 2001. Inzwischen gibt es zahlreiche Veröffentlichungen über NRO als internationale Akteure; s. Jes-

sica Tuchman Mathews, »Power Shift«, *Foreign Affairs*, 76 (1997), H. 1, S. 50–66; und Ann M. Florini, *The Third Force. The Rise of Transnational Civil Society*, Washington, D.C. 2000. Zum »Soft Law« s. Kenneth W. Abbott und Duncan Snidal, »Hard and Soft Law in International Governance«, *International Organization*, 54 (2000), H. 3, S. 421–456.

109 Zu einer Kritik der Beteiligung von NRO an internationalen Abkommen s. Daniel C. Thomas, »International NGOs, State Sovereignty, and Democratic Values«, *Chicago Journal of International Law*, 2 (2001), H. 2, S. 389–397.

110 Naomi Roht-Arriaza, »Shifting the Point of Regulation. The International Organization for Standardization and Global Law«, *Ecology Law Quarterly*, 22 (1995), S. 479–539.

111 Anne-Marie Slaughter, *A New World Order*, Princeton, NJ 2004.

112 John R. Bolton, »Should We Take Global Governance Seriously?«, *Chicago Journal of International Law*, 1 (2000), H. 2, S. 205–221. Jeremy Rabkin, *Why Sovereignty Matters*, Washington, D.C. 1998; ders., *The Case for Sovereignty. Why the World Should Welcome American Independence*, Washington, D.C. 2004.

113 Roht-Arriaza, »Shifting the Point of Regulation«. Marsha Echols, »Food Safety Regulation in the EU and the U. S. Different Cultures, Different Laws«, *Columbia Journal of European Law*, 23 (1998), S. 525–543; Ved Nanda, »Genetically Modified Food und International Law – The Biosafety Protocol and Regulations in Europe«, *Denver Journal of International Law and Policy*, 28 (2000), und Robert Paarlberg, »The Global Food Fight«, *Foreign Affairs*, 79 (2000), H. 3, S. 24–38.

114 Zoe Baird, »Governing the Internet«, *Foreign Affairs*, 81 (2002), H. 6, S. 15–21; Milton Mueller, »ICANN and Internet Governance. Sorting through the Debris of ›Self-Regulation‹«, *Info* 1 (1999), H. 6, S. 5–8; und David R. Johnson und Susan P. Crawford, »Why Consensus Matters. The Theory Underlying ICANN's Mandate to Set Policy Standards for the Domain Name System«, *ICANN Watch*, 2000,

http://www.icannwatch.org/archive/why_consensus_matters.htm.

115 William J. Drake, »The Rise and Decline of the International Telecommunications Regime«, in: Christopher T. Marsden (Hg.), *Regulating the Global Information Society*, London 2000.

116 Michael A. Froomkin, »Wrong Turn in Cyberspace. Using ICANN to route around the APA und the Constitution«, *Duke Law Journal*, 50 (2000), S. 17–184.

117 Ausführlicher zu diesem Vorschlag Francis Fukuyama, »Re-Envisioning Asia«, *Foreign Affairs*, 84 (2005), H. 1, S. 75–87.

118 Rabkin, *A Case for Sovereignty*.

119 Stephen D. Krasner, *Sovereignty. Organized Hypocrisy*, Princeton, NJ 1999.

120 Stephen D. Krasner, »Sharing Sovereignty. New Institutions for Collapsed and Failing States«, *International Security*, 29 (2004), H. 4, S. 85–120.

121 S. z. B. Robert W. Merry, *Sands of Empire. Missionary Zeal, American Foreign Policy, and the Hazards of Global Ambition*, New York 2005; David Rief, *At the Point of a Gun. Democratic Dreams and Armed Interventions*, New York 2005.

122 »President Bush Discusses Freedom in Iraq and the Middle East. Remarks by the President at the 20th Anniversary of the National Endowment for Democracy«, Washington, D. C., 6. Nov. 2003. In ihrem Interview in *The American Interest* erkärte Condoleezza Rice: »Was die Frage angeht, ob dabei möglicherweise sogar Extremisten gewählt werden … Ich glaube, wir müssen uns fragen, ob man besser dasteht in einer Situation, in der Extremisten, Islamisten und andere, sich hinter ihren Masken verstecken und an den Rändern des politischen Systems operieren, oder ob uns ein offenes politisches System lieber ist, in dem die [Vertreter von Parteien] sich sichtbar um die Zustimmung des Volkes bewerben müssen.«

123 Man könnte für einen autoritären Übergang zur Demokratie im Nahen Osten eintreten, wenn es in der Region wirklich modernisierende Autokraten gäbe, vergleichbar mit

Park Chung-Hee in Südkorea oder Lee Kuan Yew von Singapur. Die überwiegende Mehrzahl der arabischen Autokraten hat so gut wie kein Interesse an Entwicklung und konnte bislang auf höchst geschickte Weise verhindern, dass eine demokratische Öffnung über erste kleine Schritte hinaus gekommen ist. S. Daniel Brumberg, »Liberalization Versus Democracy«, in: Thomas Carothers und Marina Ottaway (Hg.), *Uncharted Journey. Promoting Democracy in the Middle East*, Washington, D. C. 2005.

124 G. John Ikenberry, *After Victory. Institutions, Strategic Restraint, and the Rebuilding of Order after Major Wars*, Princeton 2001.

125 Zbigniew Brzezinski, »The Dilemma of the Last Sovereign«, *The American Interest*, 1 (2005), H. 1, S. 37–40.

126 Pierre Hassner, »Definitions, Doctrines, and Divergences«, *The National Interest*, Nr. 69 (2002), S. 30–34.

Personenregister

Die Antwort des Westens

»Mit diesem Buch ist es Fukuyama erneut gelungen, eines
der großen politischen Themen der nächsten Jahre aufs
Tapet zu bringen.« FRANKFURTER ALLGEMEINE ZEITUNG

»Fukuyama zählt zu den profiliertesten politischen
Analysten der Vereinigten Staaten.«

SÜDDEUTSCHE ZEITUNG

»Eine Fülle bemerkenswerter Beobachtungen ...«

DIE ZEIT

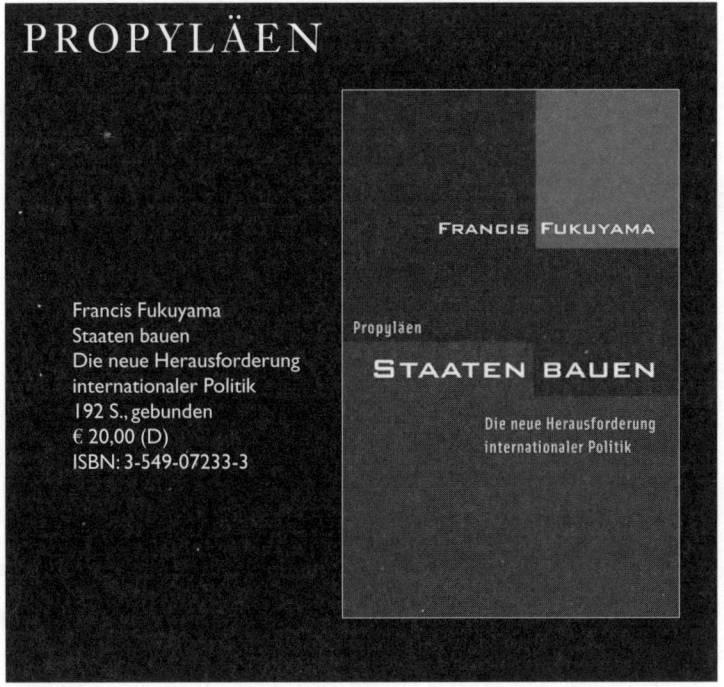

Die widerwillige Weltmacht

»Fergusons historisch geschulter Scharfsinn macht die
Beschäftigung mit seinen Thesen lohnend.«

NEUE ZÜRCHER ZEITUNG

»… einer der originellsten zeitgenössischen Historiker.«

DIE WELT